AF783312

... in der Arztpraxis

Organisation und Verwaltung

Arbeitsbuch

von

Dr. Rebecca Traurig

Albert Mergelsberg

In Zusammenarbeit mit
der Verlagsredaktion

Cornelsen

Projektleitung:	Dr. Franz Schaller
Redaktion:	Lars Wilker, Wittmoldt
Umschlaggestaltung:	ROSENDAHL BERLIN
Umschlagfoto:	Werner Krüper, Steinhagen
Layoutkonzept:	vitaledesign, Berlin
Layout und technische Umsetzung:	zweiband.media, Berlin

www.cornelsen.de

1. Auflage, 3. Druck 2025

Alle Drucke dieser Auflage sind inhaltlich unverändert und können im Unterricht nebeneinander verwendet werden.

Soweit in diesem Lehrwerk Personen fotografisch abgebildet sind und ihnen von der Redaktion fiktive Namen, Berufe, Dialoge und Ähnliches zugeordnet oder diese Personen in bestimmte Kontexte gesetzt werden, dienen diese Zuordnungen und Darstellungen ausschließlich der Veranschaulichung und dem besseren Verständnis des Inhalts.

© 2021 Cornelsen Verlag GmbH, Mecklenburgische Str. 53, 14197 Berlin, E-Mail: service@cornelsen.de

Das Werk und seine Teile sind urheberrechtlich geschützt.
Jede Nutzung in anderen als den gesetzlich zugelassenen Fällen bedarf der vorherigen schriftlichen Einwilligung des Verlages.
Hinweis zu §§ 60 a, 60 b UrhG: Weder das Werk noch seine Teile dürfen ohne eine solche Einwilligung an Schulen oder in Unterrichts- und Lehrmedien (§ 60 b Abs. 3 UrhG) vervielfältigt, insbesondere kopiert oder eingescannt, verbreitet oder in ein Netzwerk eingestellt oder sonst öffentlich zugänglich gemacht oder wiedergegeben werden.
Dies gilt auch für Intranets von Schulen und anderen Bildungseinrichtungen.

Der Anbieter behält sich eine Nutzung der Inhalte für Text- und Data-Mining im Sinne § 44 b UrhG ausdrücklich vor.

Druck: AZ Druck und Datentechnik GmbH, Kempten

Arbeitsbuch
ISBN 978-3-06-451881-0

Arbeitsbuch mit Lösungen als Download
ISBN 978-30-6-451882-7

PEFC
PEFC/04-31-2260

PEFC-zertifiziert
Dieses Produkt stammt aus nachhaltig bewirtschafteten Wäldern und kontrollierten Quellen
www.pefc.de

Vorwort

Liebe Auszubildende,

wir beglückwünschen Sie zu einem lernfeld- und handlungsorientierten Arbeitsbuch, das den Lehrplänen gerecht und den Prüfungsanforderungen dienlich ist.

Neben den Übungen im Schülerbuch sowie den Übungen und Videos in der PagePlayer-App ist dieses Arbeitsbuch eine sinnvolle Ergänzung zur Erarbeitung des Lernstoffes. Der Bezug zum Schülerbuch wird in den Verweisen zum Beginn eines jeden Kapitels dargestellt. Es erweitert die handlungsorientierten Forderungen mit Beispielen aus dem Praxisalltag. So schlüpfen Sie in einigen Situationen in die Rolle der Auszubildenden und bearbeiten dort Aufträge, die Sie auch aus Ihrer Praxis kennen.

Die Vermittlung kaufmännischer und verwaltender Themen erweist sich oftmals schwieriger als die der medizinischen Inhalte. Wir haben unterschiedliche Übungen mit differenzierten Anforderungen in das Buch aufgenommen. Immer war es uns wichtig, den Bezug zur Arztpraxis darzustellen. Neben Fragestellungen mit offenen Beantwortungsmöglichkeiten sind Multiple-Choice-Aufgaben, Fallbearbeitungsaufgaben mit Unterstützung durch Gesetzestexte oder Gerichtsurteile, Aufgaben zur Erstellung von Briefen, Notizen oder E-Mails, Zuordnungsaufgaben, Aufgaben zur Interpretation von Zeichnungen, Zeitungsberichten, Grafiken und Briefen, einfache Rechenaufgaben – wie Lohnabrechnungen und Steuerberechnungen – sowie auch Abwägungsaufgaben und manuelle Tätigkeitsaufgaben enthalten.

Alle Aufgaben sind in Lernsituationen eingebettet und können aufgrund Ihres Wissens oder mithilfe des Schülerbandes bearbeitet werden. Oft werden auch sekundäre Informationsquellen genannt.

Die Ausarbeitung der Arbeitsaufträge dient als hervorragende Möglichkeit zur Vorbereitung auf die schriftliche und praktische Prüfung. Wir wünschen Ihnen viel Erfolg bei der Arbeit mit diesem Arbeitsbuch und frohes Schaffen!

Für Hinweise und Anregungen sind wir jederzeit dankbar.

Gießen/Freiburg März 2025

Dr. Rebecca Traurig

Albert Mergelsberg

Hinweise: Alle in diesem Arbeitsbuch erscheinenden Namen von Personen sind frei erfunden. Sollte es zu Namensgleichheiten kommen, sind diese zufällig und nicht beabsichtigt. Im Sinne der Geschlechtergerechtigkeit wird konsequent zwischen den einzelnen Lernfeldern die weibliche und die männliche Form abwechselnd verwendet. Selbstverständlich sind damit auch alle anderen Geschlechter gemeint.

Zum Gebrauch des Buchs

Das Arbeitsbuch bietet Ihnen eine Vielzahl verschiedenartiger Aufgaben und Arbeitsaufträge, die Sie zur Übung im Alltag, aber auch im Unterricht nutzen können. Sie finden hier unterschiedliche Aufgabentypen und Elemente, z. B.:

Die **Themenschwerpunkte** des betreffenden Lernfelds sind den Vorgaben des Rahmenlehrplans entnommen.

Die **berufliche Lernsituation** und weitere Fallbeispiele zeigen erlebte Situationen aus dem beruflichen Alltag von Auszubildenden oder Medizinischen Fachangestellten.

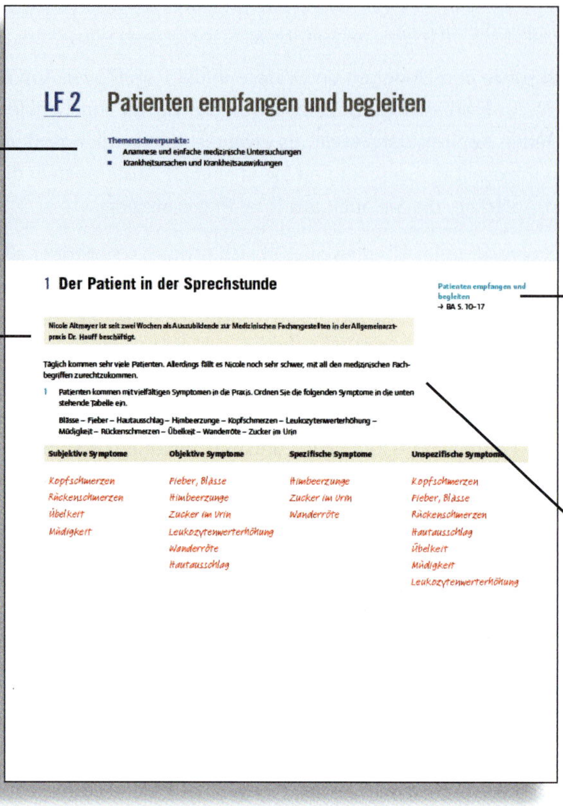

LF 2 Patienten empfangen und begleiten

Themenschwerpunkte:
- Anamnese und einfache medizinische Untersuchungen
- Krankheitsursachen und Krankheitsauswirkungen

1 Der Patient in der Sprechstunde

Patienten empfangen und begleiten
→ BA S. 10–17

Nicole Altmayer ist seit zwei Wochen als Auszubildende zur Medizinischen Fachangestellten in der Allgemeinarztpraxis Dr. Hauff beschäftigt.

Täglich kommen sehr viele Patienten. Allerdings fällt es Nicole noch sehr schwer, mit all den medizinischen Fachbegriffen zurechtzukommen.

1 Patienten kommen mit vielfältigen Symptomen in die Praxis. Ordnen Sie die folgenden Symptome in die unten stehende Tabelle ein.

Blässe – Fieber – Hautausschlag – Himbeerzunge – Kopfschmerzen – Leukozytenwerterhöhung – Müdigkeit – Rückenschmerzen – Übelkeit – Wanderröte – Zucker im Urin

Subjektive Symptome	Objektive Symptome	Spezifische Symptome	Unspezifische Symptome
Kopfschmerzen	Fieber, Blässe	Himbeerzunge	Kopfschmerzen
Rückenschmerzen	Himbeerzunge	Zucker im Urin	Fieber, Blässe
Übelkeit	Zucker im Urin	Wanderröte	Rückenschmerzen
Müdigkeit	Leukozytenwerterhöhung		Hautausschlag
	Wanderröte		Übelkeit
	Hautausschlag		Müdigkeit
			Leukozytenwerterhöhung

Die **Seitenverweise** auf das Fachbuch Organisation und Verwaltung (OV) ISBN 978-3-06-451878-0 helfen Ihnen, die noch nicht gelernten Inhalte zu finden und nachzulesen.

Bei **offenen Aufgaben** zeigen Sie, dass Sie wichtige Sachverhalte und Patientenhinweise in eigenen Worten darstellen können.

Sie **interpretieren** oder **beschriften** Bilder und Grafiken, die Sie bereits aus dem Fachbuch kennen, oder wenden Ihre Kenntnisse auf neue Abbildungen an.

Durch Aufgaben mit **Internetverweis** wird Ihre Recherchekompetenz gefördert.

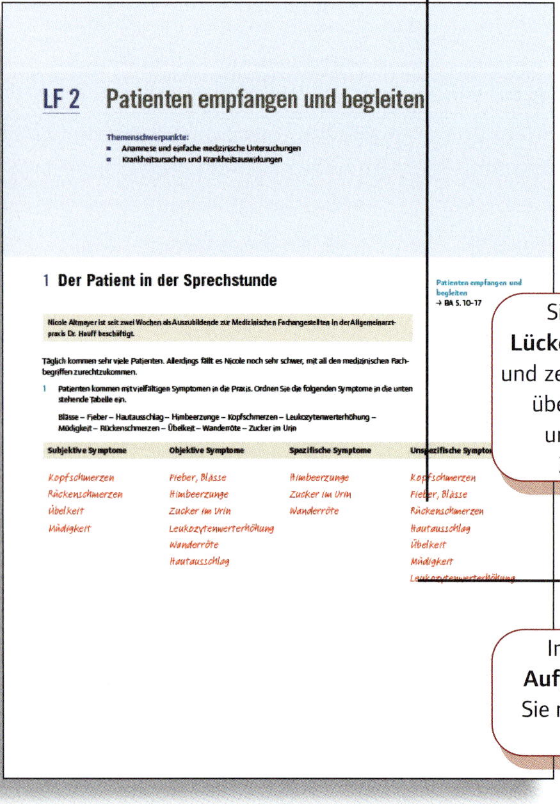

LF 2 Patienten empfangen und begleiten

Themenschwerpunkte:
- Anamnese und einfache medizinische Untersuchungen
- Krankheitsursachen und Krankheitsauswirkungen

1 Der Patient in der Sprechstunde

Patienten empfangen und begleiten
→ BA S. 10–17

Nicole Altmayer ist seit zwei Wochen als Auszubildende zur Medizinischen Fachangestellten in der Allgemeinarztpraxis Dr. Hauff beschäftigt.

Täglich kommen sehr viele Patienten. Allerdings fällt es Nicole noch sehr schwer, mit all den medizinischen Fachbegriffen zurechtzukommen.

1 Patienten kommen mit vielfältigen Symptomen in die Praxis. Ordnen Sie die folgenden Symptome in die unten stehende Tabelle ein.

Blässe – Fieber – Hautausschlag – Himbeerzunge – Kopfschmerzen – Leukozytenwerterhöhung – Müdigkeit – Rückenschmerzen – Übelkeit – Wanderröte – Zucker im Urin

Subjektive Symptome	Objektive Symptome	Spezifische Symptome	Unspezifische Symptome
Kopfschmerzen	Fieber, Blässe	Himbeerzunge	Kopfschmerzen
Rückenschmerzen	Himbeerzunge	Zucker im Urin	Fieber, Blässe
Übelkeit	Zucker im Urin	Wanderröte	Rückenschmerzen
Müdigkeit	Leukozytenwerterhöhung		Hautausschlag
	Wanderröte		Übelkeit
	Hautausschlag		Müdigkeit
			Leukozytenwerterhöhung

Sie vervollständigen **Lückentexte** oder **Tabellen** und zeigen so Ihre Kenntnisse über Recht, Verwaltung und organisatorische Zusammenhänge.

In **programmierten Aufgaben** unterscheiden Sie richtige Aussagen von falschen.

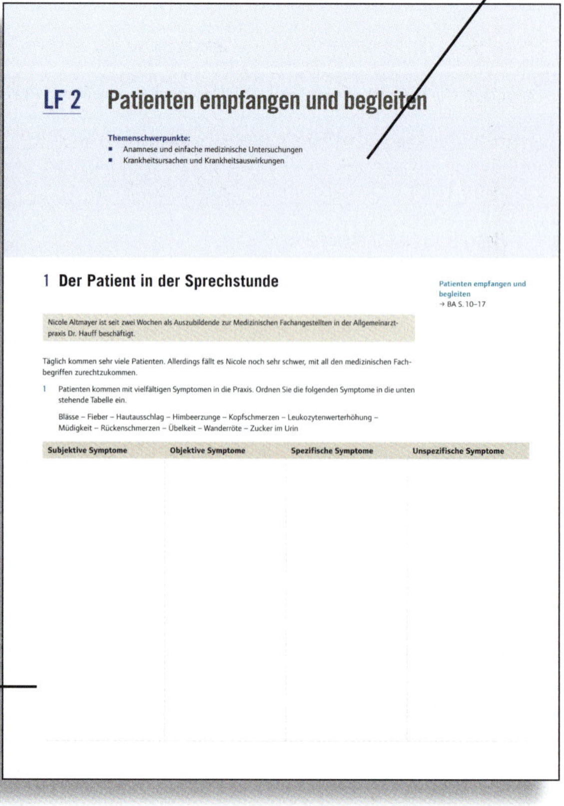

LF 2 Patienten empfangen und begleiten

Themenschwerpunkte:
- Anamnese und einfache medizinische Untersuchungen
- Krankheitsursachen und Krankheitsauswirkungen

1 Der Patient in der Sprechstunde

Patienten empfangen und begleiten
→ BA S. 10–17

Nicole Altmayer ist seit zwei Wochen als Auszubildende zur Medizinischen Fachangestellten in der Allgemeinarztpraxis Dr. Hauff beschäftigt.

Täglich kommen sehr viele Patienten. Allerdings fällt es Nicole noch sehr schwer, mit all den medizinischen Fachbegriffen zurechtzukommen.

1 Patienten kommen mit vielfältigen Symptomen in die Praxis. Ordnen Sie die folgenden Symptome in die unten stehende Tabelle ein.

Blässe – Fieber – Hautausschlag – Himbeerzunge – Kopfschmerzen – Leukozytenwerterhöhung – Müdigkeit – Rückenschmerzen – Übelkeit – Wanderröte – Zucker im Urin

Subjektive Symptome	Objektive Symptome	Spezifische Symptome	Unspezifische Symptome

Inhaltsverzeichnis

Die hervorgehobenen Lernfelder enthalten die für den Bereich Organisation und Verwaltung relevanten Inhalte und geben die Gliederung dieses Bandes wieder.

LF 1 Im Beruf und Gesundheitswesen orientieren

Themenschwerpunkte:

- Entwicklung des Berufs der MFA und Tätigkeiten, Berufsbildungsgesetz, Regelung der Ausbildung und tarifvertragliche Regelungen
- Jugendarbeitsschutzgesetz, Urlaub, Kündigung, Arbeitszeiten, Mutterschutz und Elternzeit
- Gesundheitswesen, Arztausbildung und Praxisformen, Ärztliche Organisationen, Aufgaben der Ärztekammer und der Kassenärztlichen Vereinigung

1 Ausbildung zur Medizinischen Fachangestellten

Entwicklung des Berufs
→ OV S. 8
Tätigkeiten der MFA
→ OV S. 9–11
Regelung der Ausbildung
→ OV S. 12–17

Jenny Neumaier überlegt, eine Ausbildung zur Medizinischen Fachangestellten zu beginnen. Dieser Beruf würde ihren persönlichen Vorlieben entsprechen. Doch sie möchte noch genaueres über das Umfeld des Berufes, die Stellung in der Gesellschaft, die Arbeitsbedingungen, die Aufstiegschancen sowie die Verdienstmöglichkeiten erfahren.

1 Bei ihrer Recherche ist Jenny auf zwei Zeitungsartikel aus unterschiedlichen Jahren gestoßen.

Artikel 1
Der Beruf der Medizinischen Fachangestellten (MFA) zählt auch heute noch zu den beliebtesten Berufen junger Frauen. Es gibt zahlreiche Bewerberinnen, die auf eine Stelle in einer Arztpraxis hoffen. Jede Ärztin hat heute die Qual der Wahl. Dabei wird verstärkt auf die Vorbildung der Bewerberinnen geachtet. Leider ist die Vergütung seit längerer Zeit nicht mehr gestiegen. Dafür ist das Ansehen des Berufes der MFA in der Öffentlichkeit nach wie vor groß.

Artikel 2
Die Arztpraxen in Deutschland könnten ohne den Beruf der Medizinischen Fachangestellten nicht betrieben werden. Trotz des hohen Ansehens in der Gesellschaft ist der Stellenmarkt für Auszubildende zur MFA leergefegt. Es gibt kaum Bewerberinnen, sodass im Gegensatz zu früher auch weniger qualifizierte Bewerberinnen eine Chance haben. Die gestiegenen Verdienstmöglichkeiten haben bisher auch keine Abhilfe geschaffen.

a Welcher Artikel gibt vermutlich die aktuelle Situation wieder? Welcher wurde vor längerer Zeit geschrieben?

____

____

____

____

b Was gab für Sie den Ausschlag zur Wahl des Ausbildungsberufes zur MFA?

____

____

c Wie könnte die Ausbildung zur MFA noch attraktiver gestaltet werden?

2 Jenny hört immer wieder, dass der Beruf der MFA ein „typisch weiblicher" Ausbildungsberuf sei.

a Warum ist das so?

b Nennen Sie weitere „typisch weibliche" Ausbildungsberufe. Gilt das oben Geschriebene auch hier?

c Warum wird die Berufsausbildung zur Medizinischen Fachangestellten in der ganzen Bundesrepublik anerkannt? Gilt dies auch in Europa?

d Nennen Sie fünf weitere Ausbildungsberufe im Gesundheitswesen.

3 Erstellen Sie eine Übersicht über Ihrer Praxis, um den Aufbau dieser in der Klasse vorzustellen und mit anderen Praxen zu vergleichen.

a Zeichnen Sie einen groben Lageplan Ihrer Praxis (siehe Muster).

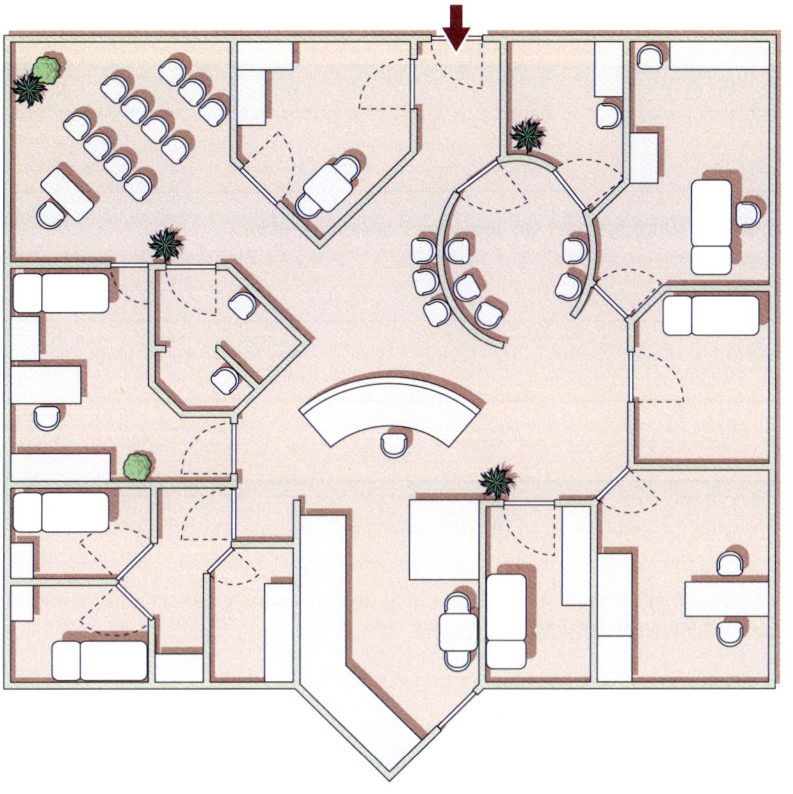

b Überlegen Sie, was in Ihrer Praxis ungünstig und was besonders funktional ist und erstellen Sie eine Gegenüberstellung.

Funktionsbereiche	Vorteil	Nachteil
Anmeldung/Empfangsbereich	z. B. zentraler Punkt der Praxis	z. B. kein getrennter Bereich zur Patientenaufnahme
Behandlungsräume		
Patiententoiletten		
Labor		
sonstige Räume		
______________		

c Welche Eigenschaften sollte nach Ihrem jetzigen Kenntnisstand eine „perfekte Praxis“ haben?

____

____

____

d Farben und auch die Einrichtung tragen dazu bei, dass die Patientinnen zufrieden sind und gerne erneut die Sprechstunde aufsucht. Nennen und beschreiben Sie drei Gestaltungsmöglichkeiten.

e Überlegen Sie, welche Anforderungen an Ihren Beruf gestellt werden.

4 Um sich über die Verdienstmöglichkeiten in der Ausbildung und ihre weiteren Ansprüche zu informieren, hat sich Jenny die aktuellen Tarifverträge für MFA beschafft.

Den aktuellen Tarifvertrag für MFA finden Sie unter z. B. www.bundesaerztekammer.de Suchbegriff Gehaltstarifvertrag

a Welche beiden Arten von Tarifverträgen gibt es und was beinhalten diese?

-tarifvertrag **Inhalt**	**-tarifvertrag** **Inhalt**

b In einem Ausbildungsvertrag nach Tarifvertrag vom 1. März 2024 ist für das erste Ausbildungsjahr eine Vergütung von 965,00 € eingetragen. Am 20. August 2025 beginnt die zweite Klasse der Berufsschule. Am 30. September 2025 beginnt das zweite Ausbildungsjahr. Wann erhalten Sie welche Vergütung?

c Darf eine „angemessene Vergütung" von der Arztpraxis unterschritten werden?

d Sie sind nach einer dreijährigen Ausbildung schon fünf Jahre in einer neuen Praxis angestellt und haben mehrere 40-stündige Fortbildungen im Bereich Wundbehandlung/Wundmanagement, Hygienemanagement und Qualitätsmanagement besucht. In welcher Tätigkeitsgruppe und mit welchen Berufsjahren sind Sie einzuordnen und welche Vergütung steht Ihnen zu?

e Gelten die Tarifverträge für Sie in Ihrem Bundesland?

5 Jenny Neumaier hat sich nun zu einer Ausbildung zur Medizinischen Fachangestellten entschlossen. Die Ärztin Dr. Wagnermeier und Jenny (geb. am 03.07.2008) vereinbarten am 10.08.2024 einen Ausbildungsvertrag zur Medizinischen Fachangestellten. Der Vertrag liegt nicht in Schriftform vor, weil man sich von Anfang an über die Tarifvertragsunterwerfung uneins war. Unstrittig ist, dass die Erziehungsberechtigten Walter und Andrea Neumaier dem Vertrag zugestimmt haben und eine Probezeit von drei Monaten vereinbart war. Die Ausbildungsvergütung beträgt nach dem Vertrag 900,00 €. Am 10.12.2024 erhielt die Ärztin das unten abgebildete Kündigungsschreiben der Auszubildenden. Aufgrund des Nichterscheinens von Jenny in der Vorweihnachtszeit gab es organisatorische Probleme in der Praxis und es musste kurzfristig eine MFA als rascher Ersatz eingestellt werden, damit der Praxisablauf nicht erheblich beeinträchtigt war. Hierfür verlangt Frau Dr. Wagnermeier Schadensersatz in Höhe von 900,00 € von den Erziehungsberechtigten. Diese verlangen im Auftrag ihrer Tochter von der Ärztin die zu wenig bezahlte Vergütung einschließlich der vorenthaltenen Zuschüsse für vermögenswirksame Leistungen für die vier Monate.

Jenny Neumaier, Gießen, 10.12.2024

Dr. Wagnermeier

Kündigung

Da ich mich mit der Verlängerung der Probezeit mündlich und schriftlich einverstanden erklärt habe, kündige ich den Ausbildungsvertrag zur MFA in Ihrer Praxis mit sofortiger Wirkung.
Den mir vorenthaltenen Tariflohn sowie die vermögenswirksamen Leistungen bitte ich, mir zu überweisen.
Da ich in Ihrer Praxis nichts lerne, habe ich in der Arztpraxis Dr. Kuhn zum 15.12.2024 ein neues Ausbildungsverhältnis zur MFA begonnen.

Mit freundlichen Grüßen

a Ist ein Ausbildungs- oder Arbeitsvertrag zustande gekommen? Begründen Sie Ihre Antwort

b Welche grundsätzlichen Bestimmungen gelten für den Ausbildungsvertrag?

c Was bedeutet „Tarifvertragsunterwerfung"?

d Gelten die tarifvertraglichen Bestimmungen fur diesen Ausbildungsvertrag?

e Kann die Probezeit im Ausbildungs- oder Arbeitsvertrag verlängert werden?

f Kann Jenny ihren Ausbildungsvertrag wirksam kündigen? Begründen Sie die Antwort.

g Hat die Ärztin Anspruch auf Schadenersatz?

h Wie hoch ist die zu wenig bezahlte Vergütung nach Ihrer Berechnung (Annahme: Es lag ein Ausbildungsverhältnis vor)? Um die Frage zu beantworten, führen Sie die Lohnabrechnung für die betreffenden Monate von 2024 unter folgenden Voraussetzungen durch: Es fällt keine Lohn- und Kirchensteuer an. Danach entnehmen Sie dem gültigen Tarifvertrag die Ausbildungsvergütung für das erste Ausbildungsjahr sowie die Bestimmungen über vermögenswirksame Leistungen und führen Sie die Rechnung noch einmal aus.

i Welche Empfehlung geben Sie beiden Parteien für die Zukunft?

j Kann eine Auszubildende mit Einverständnis ihrer Erziehungsberechtigten das Ausbildungsverhältnis kündigen, wenn sie sich einen anderen Ausbildungsbetrieb der gleichen Branche (Arztpraxis) sucht? Begründen Sie.

6 Jennys Freundin Mila hat ebenfalls eine Ausbildung zur MFA begonnen. Als die beiden ihre Ausbildungsverträge vergleichen, stellen sie in Milas Vertrag einige abweichende Angaben fest.

Landesärztekammer Musterland – Körperschaft des öffentlichen Rechts
Musterallee 252, 35353 Musterstadt

Berufsausbildungsvertrag
für medizinische Fachangestellte
(nachfolgend MFA)

Zwischen dem Ausbildenden
(Name des Ausbildenden)
Dr. med. Mara Musterfrau
Straße, Hausnummer/ PLZ Ort
Mustergasse 56
56565 Musterstadt
Telefon und E-Mailadresse
06020-66553, BAG_Musterstadt@muster.corn
EFN (Einheitliche Fortbildungsnummer) **7474747**

und der Auszubildenden weiblich ☒ männlich ☐
Name, Vorname, ggf. Geburtsname
Mustermann, Mila
Geburtsdatum, Geburtsort, Geburtsland
01.03.2008, Lorzt/Musterstadt, Deutschland
Straße, Hausnummer/ PLZ Ort
Musterstraße 55, 56565 Musterstadt
Telefon und E-Mailadresse
06020-88877, MM@yumail.corn
Staatsangehörigkeit: **Deutsch**

wird nachstehender Vertrag zur Ausbildung im Ausbildungsberuf zur MFA nach Maßgabe der Ausbildungsordnung geschlossen.

Die Auszubildende reicht den Vertrag umgehend bei der zuständigen Kammer ein, damit dieser ins Ausbildungsverzeichnis aufgenommen wird.

Des Weiteren sind der Kammer zu melden: Auflösungen, Ausbilderwechsel und Namensänderungen.

Die Ausbildungsdauer beträgt nach der Ausbildungsordnung 3 Jahre. Das Berufsausbildungsverhältnis beginnt am:
01.08.2024 und endet am: **01.08.2026**
Eine Verkürzung ist aufgrund schulischer oder beruflicher Vorbildung von ___ Monaten gegeben.

Die Probezeit beträgt 6 Monate.

Der Ausbildende zahlt der Auszubildenden eine angemessene Vergütung. Die Ausbildungsvergütung beträgt zurzeit

Betrag in €	**965,00**	**965,00**	**1045,00**
Ausbildungsjahr	1.	2.	3.

Die Vergütung wird spätestens am 9. Arbeitstag des lfd. Kalendermonats gezahlt.

Die regelmäßige tägliche Arbeitszeit beträgt 9 Stunden.

Den zeitlichen Ablauf der Ausbildung(Ausbildungsplan) entnehmen Sie dem beigefügten Anhang.

Der Ausbildende gewährt der Auszubildenden bezahlten Erholungsurlaub.
Dieser besteht zurzeit aus:

Jahr	2024	2025	2026
Urlaubstage	**9**	**18**	**24**

Folgende Tarifverträge u. a. werden angewendet:
☐ Manteltarifvertrag für MFA
☐ Gehaltstarifvertrag
☒ Tarifvertrag für betriebliche Altersvorsorge
☐ andere Tarifverträge/ Betriebsvereinbarungen

Die rückseitige Vereinbarungen des Berufsausbildungsvertrages sind Gegenstand dieses Vertrages und anerkannt.

Musterstadt **01.07.2024**
Ort Datum

Dr. med. Mara Musterfrau
Unterschrift des Ausbildenden + Praxisstempel

Mila Mustermann
Unterschrift der Auszubildenden mit Vor- und Zunamen

Vater und Mutter der Auszubildenden

a In diesem Vertrag sind sieben Fehler versteckt. Markieren Sie die Fehler mit A–G und nennen Sie die korrekten Angaben.

A ______________________________

B ______________________________

C ______________________________

D ______________________________

E ______________________________

____

F ______________________________

G ______________________________

b Mila wird heute den Ausbildungsvertrag in der BAG Musterstadt unterzeichnen. Sie ist 16 Jahre alt und beginnt im August mit der Ausbildung. Zwischen wem wird der Ausbildungsvertrag geschlossen?

Zwischen der BAG Musterstadt, der Landesärztekammer und Mila	
Zwischen der BAG Musterstadt, dem Regierungspräsidium und Mila	
Zwischen Mila, ihren Eltern und der Landesärztekammer	
Zwischen der BAG Musterstadt, der Kassenärztlichen Vereinigung und Mila	
Zwischen der BAG Musterstadt, Mila und ihren Eltern	

c Welche Pflichten hat Mila zu befolgen (zwei richtige Antworten)?

Sie muss die schriftlichen Ausbildungsnachweise unterschreiben.	
Sie muss nicht an den überbetrieblichen Ausbildungsmaßnahmen teilnehmen.	
Sie muss die Weisungen des Ausbilders befolgen.	
Sie muss die Ausbildungsmittel im Fachgeschäft einkaufen.	
Sie muss die Unfallverhütungsvorschriften nicht einhalten.	
Sie muss die übertragenen Aufgaben sorgfältig ausführen.	

d Was beschreibt das Ausbildungsberufsbild?

Kenntnisse und Fertigkeiten, die Gegenstand der Berufsausbildung sind.	
Das vom Betrieb zu leistende Bewerberprofil in der Stellenbeschreibung.	
Darstellung des Berufes medienwirksam in der Öffentlichkeit.	
Darstellung des Berufes im europäischen Ausland.	

e Milas Freundin Fiona macht eine Ausbildung zur Frisörin und ihre Chefin will, dass sie die Berufsschulzeit samstags nacharbeitet. Darf die Chefin das fordern (zwei richtige Antworten)?

Der Arbeitgeber hat Fiona für die Teilnahme am Berufsschulunterricht nur für vier Stunden freizustellen.	
Fiona hat die Teilnahme am Berufsschulunterricht nachzuarbeiten.	
Der Arbeitgeber kann die Nacharbeit am Samstag nicht verlangen.	
Der Arbeitgeber hat Fiona für die Teilnahme am Berufsschulunterricht nicht freizustellen.	
Der Arbeitgeber hat Fiona für die Teilnahme am Berufsschulunterricht freizustellen.	

2 Arbeitsschutz

Berufsbildungsgesetz, Jugendarbeitsschutzgesetz, Arbeitszeiten
→ OV S. 22–24

Mutterschutz und Elternzeit
→ OV S. 25–27

Die 16-jährige Petra Köhler absolviert ihre Ausbildung zur Medizinischen Fachangestellten in einer kleinen hausärztlichen Praxis im Taunus. Ihr fällt immer wieder auf, dass für ihre ausgelernten Kolleginnen teilweise andere Regeln gelten als für sie.

1 Neben dem Berufsbildungsgesetz gibt es zum Schutz der Auszubildenden insbesondere das Jugendarbeitsschutzgesetz.

a Für wen gilt das Jugendarbeitsschutzgesetz?

____

____

b Welche Begründung gibt es für den Schutz der Jugend bei der Arbeit durch ein eigenes Gesetz?

____

____

____

2 Petra hat ihre Ausbildung erst vor kurzem begonnen und hat noch etwas Schwierigkeiten, sich ihre unterschiedlichen Arbeitszeiten zu merken.

a Die Praxis von Petra hat folgende Öffnungszeiten: Montag bis Donnerstag 08.00 bis 12.00 Uhr, nachmittags 14.00 Uhr bis 18.00 Uhr. Die Praxis ist Mittwoch- und Freitagnachmittag geschlossen. Freitags ist Petras Berufsschulhaupttag. In der zweiten Woche hat sie zusätzlich mittwochs 5 Stunden Unterricht. Petra überlegt nun, wie ihre Arbeitszeit berechnet wird.

Da es mittags immer zwei Stunden Pause gibt, stehen ihr ________________ Pausen zu. Petra hat in der einen Woche _____ Stunden Arbeitszeit und _____ Stunden Berufsschulzeitanrechnung, also insgesamt _____ Stunden. Nach Tarifvertrag ist die Arbeitszeit mit 38,5 Stunden vorgegeben. Theoretisch hat sie ein Defizit von _____ Stunden. In der anderen Woche wird der zweite Berufsschultag (Mittwoch) mit einer Zeit von 5 Stunden angerechnet. Damit beträgt ihre Arbeitszeit _____ Stunden. Nimmt man das Mittel aus den beiden Wochen, beträgt ihre Arbeitszeit genau _______ Stunden und eine weitere Beschäftigung ist ________________.

b Petras Mitschülerin Mai-Thi ist ebenfalls 16 Jahre alt. Am Freitag erstreckt sich ihre Arbeitszeit von 8.00 bis 13.00 Uhr. Wie viel(e) Ruhepause(n) steht bzw. stehen Mai-Thi nach dem Jugendarbeitsschutzgesetz wann zu? Begründen Sie Ihre Antwort

____

____

____

____

c Eine Auszubildende zur MFA wird im dritten Ausbildungsjahr 20 Jahre alt. Wie hoch ist ihr Urlaubsanspruch in Arbeitstagen und welche Regeln gelten dabei?

____

____

____

____

d Eine andere Mitschülerin, Tatjana, ist 20 Jahre alt und wird am Samstag für den Notdienst von 08.00 bis 12.00 Uhr eingeteilt. Sie will dafür Freizeitausgleich und keine Vergütung erhalten. Wie berechnet sich nach Tarifvertrag ihr Freizeitausgleich?

____

____

____

e Wie reagieren Sie in Kenntnis sämtlicher tarifvertraglicher und gesetzlicher Bestimmungen in folgenden Situationen? Ordnen Sie mit Pfeilen zu.

Situation	Reaktion
Ihre Chefin bittet Sie ausnahmsweise zwei Stunden auf ihre Kinder aufzupassen.	Werde ich ausnahmsweise machen.
Die MFA Monika bittet Sie, nach der Schule in die Praxis zu kommen, weil eine MFA ausgefallen ist.	Mache ich und lasse mir für eine Erstattung die Quittung geben.
Sie sollen zum wiederholten Male die Brötchen für die Pause besorgen.	Kann ich machen – wenn es nicht zur Gewohnheit wird.
Am Rechner muss noch ein Update eingespielt werden, obwohl Ihre Arbeitszeit vorbei ist.	Mache ich im Namen der Praxis gerne.
Eine Patientin bittet Sie nach Ende ihrer Arbeitszeit um Begleitung nachhause.	Ich bitte darum, dass das mal jemand anders übernimmt.
Sie sollen ein schweres Paket der Praxis auf dem Nachhauseweg bei der Post abgeben. Es wird eine Nachzahlung fällig.	Mache ich, wenn ich das kann – ich lerne ja was dabei.

3 Petra (16 Jahre) und Tatjana (20 Jahre) überlegen, wie die Unterrichtszeit auf ihre Arbeitszeit angerechnet wird. An einem Berufsschultag haben sie von 8.00 bis 13.00 Uhr und an einem anderen von 13.15 bis 17.15 Uhr Schule.

Die Anrechnung auf die Arbeitszeit ist für Jugendliche und Erwachsene ______________. Am ersten Berufsschultag haben die Auszubildenden mehr als __________ Schulstunden Unterricht (eine Schulstunde hat ________Minuten) und ist damit von der Arbeit ________. Die Anrechnung auf die Ausbildungszeit erfolgt mit der __________________________Arbeitszeit für diesen Tag in der Berufsschule. Am zweiten Tag umfasst der Unterricht nur __________ Stunden einschließlich der Pausen. Hier erfolgt die Anrechnung mit der _________________________________ Zeit mit Pausen und Wegezeiten in der Berufsschule. Sie kann maximal noch __________ Stunden in der Praxis beschäftigt werden.

Neben den Regelungen des Berufsbildungsgesetz und dem Jugendarbeitsschutzgesetz existieren zahlreiche weitere Arbeitsschutzgesetze, die nicht nur für Auszubildende gelten.

1 Entscheiden Sie, ob die folgenden Aussagen richtig oder falsch sind.

	Richtig	Falsch	Begründung
In der Elternzeit besteht Kündigungsschutz.			
Die Mutterschutzfristen betragen 8 Wochen vor und 6 Wochen nach der Geburt.			
Den Mutterschutz zahlt zu 100 % der Arbeitgeber.			
Die Elternzeit beträgt zwei Jahre.			
Das Elterngeld beträgt 300,00 € bis maximal 1800,00 €.			
Während der Elternzeit kann der Antragsteller bis zu 32 Stunden bei einem anderem Arbeitgeber beschäftigt sein.			

2 Die MFA Nadine möchte dieses Jahr auf ihren Jahresurlaub verzichten und stattdessen doppeltes Gehalt während der Arbeitszeit im Urlaub. Ist das möglich? Begründen Sie Ihre Antwort.

3 In einer Praxis mit zwei angestellten Ärztinnen, sechs Medizinischen Fachangestellten, drei Arzthelferinnen und drei Auszubildenden sowie einer Medizinisch-technischen Assistentin und einer Reinigungskraft, die halbtags beschäftigt ist, muss wegen eines drastischen Umsatzeinbruchs einer Arbeitnehmerin gekündigt werden. Welche Überlegungen muss die Praxisinhaberin anstellen?

4 Worin besteht der Unterschied zwischen dem Anspruch auf Mutterschaftsgeld und Elterngeld?

Elterngeld: ______________________________

____

Mutterschaftsgeld: ______________________________

____

5 Eine Arbeitskollegin möchte nach der Geburt des Kindes und unter Einhaltung der Mutterschutzfrist von 8 Wochen während der Elternzeit in der Praxis arbeiten.

a Ist es gesetzlich erlaubt, die Tätigkeit aufzunehmen und was muss beachtet werden?

____

b Wenn ja, wie viele Stunden die Woche ist es möglich?

____

6 Anita ist im zweiten Jahr der Ausbildung zur MFA. Ihre Leistungen in der Berufsschule sind nicht sehr gut. Ihre Chefin und sie verabreden die Kündigung des Ausbildungsverhältnisses, wenn im nächsten Zeugnis wieder nur ausreichende Leistungen stehen. Da im Zeugnis dann wieder nur ausreichende Leistungen stehen, kündigt die Chefin den Ausbildungsvertrag. Anita widerspricht und will die Ausbildung fortsetzen. Was gilt?

____

____

7 Die MFA Lena arbeitet in einer BAG mit 30 Angestellten. Sie ist nach Dokumentation in den letzten drei Monaten 25-mal zu spät zum Dienst erschienen. Unter welchen Voraussetzungen kann von Seiten der BAG eine Kündigung ausgesprochen werden?

____

____

____

8 Kreuzen Sie an, welche Antwort richtig oder falsch ist.

	Richtig	Falsch
Für werdende Mütter besteht ein absolutes Kündigungsverbot.		
Für werdende Mütter besteht ein absolutes Beschäftigungsverbot.		
Im Ausbildungsvertrag steht, dass täglich 7 Stunden gearbeitet werden muss. Es gilt trotzdem die Arbeitszeitregelung des Jugendarbeitsschutzgesetzes.		
Im Tarifvertrag stehen Bestimmungen, die nachteilig für den Arbeitnehmer sind. Sie gelten trotzdem.		
Ausbildungsfremde Tätigkeiten darf die Auszubildende durchführen.		
Nach Ende der Ausbildung kann die Auszubildende zu einem Arbeitsvertrag verpflichtet werden.		
Erscheint die Auszubildende nach der Ausbildung in ihrer Praxis zur Arbeit, ist ein Arbeitsvertrag geschlossen.		

Arztausbildung und Praxisformen
→ OV S. 31–33, 35–38
Ärztliche Organisationen
→ OV S. 33–35

3 Gesundheitswesen

Die MFA Andrea Kramer arbeitet seit 3 Jahren in einer kardiologischen Praxis und würde gerne eigenverantwortlicher arbeiten und auch mehr Geld verdienen. Sie überlegt daher, Medizin zu studieren, um dann als Ärztin zu arbeiten. Grundlegende Kenntnisse konnte sie sich im Rahmen ihrer beruflichen Tätigkeit bereits aneignen.

1 Das Gesundheitswesen in Deutschland bietet Andrea zahlreiche Möglichkeiten, um als Ärztin, aber auch als MFA tätig zu werden.

a Auf welche Bereiche erstreckt sich das Gebiet der Prävention?

____

b Was der einzelne zum Erhalt seiner Gesundheit tun kann, wird als ____________________ bezeichnet.

c In welche drei Ebenen gliedert sich das Gesundheitswesen in Deutschland? Welche Behörden sind diesen Ebenen zugeordnet?

____

____

____

d Wodurch unterscheidet sich die ambulante von der stationären Krankenversorgung?

____

____

____

e Welches Institut ist für die Erkennung und Verhütung übertragbarer Krankheiten zuständig?

____

2 Andrea arbeitet bisher in einer Einzelpraxis, überlegt aber, in ein Medizinisches Versorgungszentrum zu wechseln, damit sie noch andere Erfahrungen sammeln kann. Charakterisieren Sie diese beiden Organisationsformen einer Arztpraxis und bewerten Sie sie aus der Sicht einer MFA.

	Einzelpraxis	Medizinisches Versorgungszentrum
Charakterisierung		

	Einzelpraxis	Medizinisches Versorgungszentrum
Bewertung		

3 Die Grafik zeigt die unterschiedlichen Fachgebiete von Ärzten.

a Wieviel Prozent der Ärzte arbeiten in den folgenden Fachbereichen?

Inneren Medizin

____

Gynäkologie

____

Urologie

____

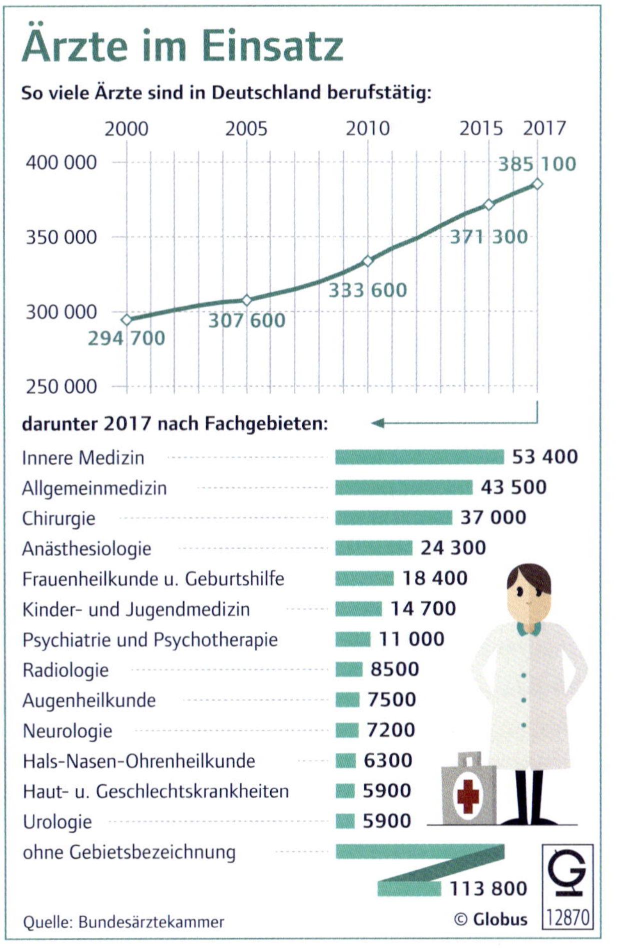

b Die Grafik zeigt, dass die Anzahl spezieller Fachärzte (z. B. Urologen) im Vergleich zur Gesamtzahl der Ärzte sehr niedrig ist. Woran könnte dies liegen? Nennen Sie zwei mögliche Gründe.

____

____

____

c Auch wenn die Anzahl der Fachärzte für Allgemeinmedizin mit 43 500 noch recht hoch erscheint, weist ein Trend auf einen deutlichen Rückgang der Allgemeinmediziner speziell in ländlichen Regionen hin. Um den Menschen in diesen Gebieten die Gesundheitsleistungen dennoch zu gewährleisten, gibt es interessante Ansätze. Einer davon ist der Medibus. Das ist ein Omnibus, der als mobile Hausarztpraxis ausgestattet ist und regelmäßig bestimmte Orte anfährt. Nennen Sie einen Vorteil und einen Nachteil des Medibuses.

Vorteil: ____

Nachteil: ____

4 In einer Tageszeitung wurde die folgende Anzeige veröffentlicht.

> **NEUERÖFFNUNG**
>
> **Nur für Privatpatienten!**
>
> Preisgünstige Behandlung,
>
> das heißt:
>
> - hervorragende Qualität
> - Kinderbetreuung
> - schnelle Behandlungstermine
> - Abendsprechstunde
> - Internettermine buchbar
> - keine Wartezeiten
> - eigenes Labor
> - Kindersprechstunde
>
> **WIR HABEN ZEIT**
>
> **FÜR IHRE GESUNDHEIT!**
>
> Praxisteam Dr. Renate Müller
>
> Plöner Straße 4 · 79100 Freiburg
>
> www.drmuellerfreib.corn
>
> Tel.: 0761 45778

a Welche Voraussetzungen musste die Ärztin erfüllen, um diese neue Praxis eröffnen zu können? In welchem Gesetz ist das geregelt?

____

____

____

b Ist es zulässig, dass sie nur Privatpatienten behandelt?

____

____

c In welcher ärztlichen Organisation muss sie Mitglied sein?

____

d Weshalb könnte es für sie von Interesse sein, nur Privatpatienten zu behandeln?

____

____

____

____

____

e Von welcher Stelle erhalten Sie am Ende Ihrer Ausbildung zur MFA das Berufszertifikat?

____

5 Nennen Sie je fünf Aufgaben der Kassenärztlichen Vereinigung und der Ärztekammer.

Ärztekammer	Kassenärztliche Vereinigung

6 Kreuzen Sie an, welche Organisation zuständig ist.

	Ärztekammer	KV	Keine von beiden
Es gibt Streit im Ausbildungsverhältnis.			
Eine neue Auszubildende muss angemeldet werden.			
Ihre Chefin möchte dringend, dass Sie eine Abrechnungsfortbildung für die neuen Besuchsziffern bei GKV-Patientinnen besuchen.			
Der Notdienst muss neu organisiert werden.			
Die Versorgung mit Ärztinnen in einer Region muss sichergestellt werden.			
Eine Fortbildung zur Ausbildung von MFA muss angeboten werden.			
Durchführung der Abschlussprüfung für die MFA-Auszubildenden.			
Eine Patientin beschwert sich über eine erhaltene Liquidation.			
Eine Patientin bezahlt ihre Liquidation auch nach drei Mahnungen nicht.			
Die Quartalsabrechnung wird eingereicht.			
Eine gesetzliche Krankenkasse bestreitet die Abrechnungen einer Arztpraxis.			
Die Berufsschule beklagt Ausbildungsdefizite in einer Arztpraxis.			
Die Arztpraxis beklagt Ausbildungsdefizite in der Berufsschule.			
Eine Privatpatientin beklagt Hygienedefizite in einer Arztpraxis.			
Eine Arztpraxis möchte sich über Werbung einer anderen Arztpraxis im Internet beschweren.			
Die Überweisung einer Liquidation durch eine Patientin erfolgt öfters zu spät.			
Der Praxis wird eine Abrechnungsnummer zugeteilt.			
Eine Krankenkasse ist mit der Diagnose auf einer AU-Bescheinigung nicht zufrieden.			
Eine Praxis kann wegen Überlastung erst wieder in einem Monat Termine vergeben.			
Eine Praxis erhält die Rundschreiben zur vertragsärztlichen Abrechnung nicht mehr.			
In der Schule wird die Kampagne „gib Aids keine Chance“ unterstützt.			
Die neue Prüfungsordnung muss genehmigt werden.			
Die Organisation des Rettungsdienstes in Hessen.			
Praxis Wagner erwartet die Dosimeterauswertungen.			
Die Praxis erhält ein Zertifikat für die Teilnahme an der Diabetes-Schulung.			
In der überbetrieblichen Ausbildung werden die Berichtshefte kontrolliert.			

7 Anne Winter ist im ersten Ausbildungsjahr und gerade 2 Wochen in der Praxis tätig. Sie kennt nun alle Bereiche und soll für die Schule einen Lageplan erstellen. Dabei muss sie die unterschiedlichen Funktionsbereiche benennen.

a Welche Funktionsbereiche gibt es in einer Arztpraxis?

____

b Nennen Sie zwei Vor- und zwei Nachteil für eine zentrale Anmeldung, direkt vor dem Wartebereich.

Vorteile: ______________________________

____

____

Nachteile: ______________________________

____

____

8 Entscheiden Sie, ob die Aussagen zur Ausstattung und den Funktionsbereichen einer Arztpraxis richtig oder falsch sind.

	Richtig	Falsch
Die farbliche Gestaltung der Praxis ist wichtig.		
Übersicht am Empfangsbereich ist nicht wichtig.		
Die Wege für die MFA sollten möglichst kurz sein.		
Ein interner Bereich ist in der Praxis wichtig.		
Auf behindertengerechte Zugänge muss geachtet werden.		
Das Patienten-WC und das WC für Angestellte der Praxis können zusammen benutzt werden.		
Im Wartezimmer ist auch eine Kinderecke zu empfehlen.		
Man braucht grundsätzlich zwei Wartezimmer.		
Die Räume der Praxis sollten gekennzeichnet sein.		
Ein Praxisflyer im Wartezimmer erleichtert den Patienten die Orientierung.		

LF 2 Patienten empfangen und begleiten

Themenschwerpunkte:
- Vertragsrecht: Grundlagen, Stellvertretung
- Behandlungsvertrag: Pflichten und Rechte aus dem Behandlungsvertrag
- Haftung und Schadenersatz
- Kommunikation, Gesprächsführung, Führungsstile
- Konfliktmanagement
- Datenverwaltung: Telematikinfrastruktur, elektronische Gesundheitskarte, Datenschutz und Datensicherung

1 Grundlagen des Vertragsrechts

Grundlagen des Vertragsrechts
→ OV S. 44–53

In einer Arztpraxis werden viele Verträge geschlossen, wie sie auch im täglichen Leben vorkommen. Überall gelten zunächst die grundlegenden Bedingungen für Verträge. Der Auszubildende Tom ist im dritten Lehrjahr und bereitet sich auf die Abschlussprüfung vor. Er wiederholt die rechtlichen Grundlagen anhand einiger Fallbeispiele.

1 Paul (privat versichert) ist 6 Jahre alt und wohnt im Haus neben der Praxis von Dr. Schütz. Er hat Husten und Schnupfen. Seine Mutter (privat versichert) macht telefonisch einen Termin aus und schickt Paul dann alleine in die Praxis. Neben der gründlichen Untersuchung entfernt Dr. Schütz auch noch eine Warze, die Paul nach eigenen Angaben sehr stört. Die Eltern wollen aber die Honorarforderungen in Bezug auf die Entfernung der Warze nicht begleichen, da ihrer Meinung nach hierfür kein Behandlungsauftrag und damit auch kein Vertrag bestand.

a Ist Paul rechtsfähig und was bedeutet das?

____

____

b Ist ein Behandlungsvertrag zustande gekommen? Und wenn ja, mit wem?

____

____

____

____

c Muss die Honorarforderung von Dr. Schütz von Pauls Eltern beglichen werden? Begründen Sie Ihre Antwort.

____

____

d Entscheiden Sie in den folgenden Fällen, um welche rechtsfähigen Personen es sich handelt und welcher Stufe der Geschäftsfähigkeit sie zuzuordnen sind.

	Rechtsfähigkeit			Geschäftsfähigkeit		
	Juristische Person		Natürliche Person	Voll geschäftsfähig	Beschränkt geschäftsfähig	Nicht geschäftsfähig
	Privates Recht	Öffentliches Recht				
Sport Club Freiburg e.V.						
Andreas Meier, 3 Jahre alt						
Siemens AG						
Stadt Frankfurt						
Erwin Sutter, Rentner, 102 Jahre alt						
Dackeldame Wauzi						
Amtsarzt Dr. Berger						
Franz Keller, 90 Jahre, dement, unter Betreuung, Pflegegrad 4						
Maxi Schaub, Azubi, 17 Jahre alt						
Sissy Winter, 17 Jahre, Millionenerbin						
Dr. Klaus Richter, Vorstand Siemens AG						
Mühlens GmbH						
Lioba Müller, 60 Jahre, mit Betreuer						

2 Beurteilen Sie folgende Fälle. Ist ein (Kauf-)Vertrag zustande gekommen? Wie wird er „abgewickelt"?

Fall	Ja	Nein	Abwicklung
Ein Vierjähriger kauft sich vom Taschengeld eine Tafel Schokolade beim Kaufmann um die Ecke und isst sie auf.			
Ein Vierjähriger wird von seinen Eltern mit einem Zettel zum Einkaufen geschickt. Die Geldbörse mit Einkaufszettel und abgezähltem Betrag übergibt er dem Verkäufer. Dieser packt ihm die Sachen ein und nimmt das Geld an sich.			
Ein 16-Jähriger kauft sich ein gebrauchtes Mofa. Der Händler fordert den Vater des 16-Jährigen auf, die Zustimmung zu erteilen. Der Vater reagiert nicht.			
Juliane ist 16 Jahre alt und bittet ihren Gynäkologen um die Pille (Kontrazeptivum), ohne die Eltern davon zu informieren.			
Maximilian, 17 Jahre alt, erhält von seiner Großmutter 1000,00 € geschenkt. Seine Eltern möchten nicht, dass er das Geld annimmt.			
Ein 17-jähriger Praxishelfer (für Botengänge, kleine Putzarbeiten) kündigt selbstständig seine Stelle in der Arztpraxis.			
Der 21-jährige Ole unterschreibt bei einem Autohaus einen Kaufvertrag über ein 120 000,00 € teures Auto, obwohl er weiß, dass er diese Summe nicht alleine aufbringen kann.			

3 Anlässlich einer Teambesprechung trägt Dr. Christian Schütz vor, dass im Katalog ein Beiblatt lag, auf dem ein Labormikroskop LaMi1-220 zum Preis von 510,00 € angeboten war. Nachdem er dieses bestellen wollte, gab man an, dass leider kein Mikroskop mehr vorrätig sei. Doktor Schütz bestätigte noch einmal, dass man in Zukunft schneller auf solche Angebote reagieren solle und notfalls auch ohne ihn sofort bestellen könne. In einer Mittagspause der folgenden Tage übernimmt der Auszubildende Andreas, 17 Jahre alt, den Telefondienst. Gegen 14.00 Uhr ruft der Händler an und bietet der Praxis das obige Mikroskop zu den genannten Konditionen erneut an. Da der Chef nicht greifbar ist, sagt Andreas, dass die Praxis das Mikroskop nimmt. Nachdem man einige Zeit gewartet hat, wird das Mikroskop jedoch nicht geliefert. Doktor Schütz ruft beim Händler an und fragt, wo denn das bestellte Gerät bleibe. Dort wird mit Erstaunen reagiert. Man sagt ihm, dass doch nur der Auszubildende am Telefon war und der könne keine rechtsverbindlichen Erklärungen für die Praxis abgeben. Man habe auf den Rückruf von Dr. Schütz gewartet.

a Klären Sie die Rechtslage mithilfe der Auszüge aus den Gesetzestexten.

BGB § 130 Wirksamwerden der Willenserklärung gegenüber Abwesenden
(1) Eine Willenserklärung, die einem anderen gegenüber abzugeben ist, wird, wenn sie in dessen Abwesenheit abgegeben wird, zu dem Zeitpunkt wirksam, in welchem sie ihm zugeht. Sie wird nicht wirksam, wenn dem anderen vorher oder gleichzeitig ein Widerruf zugeht.

BGB § 131 Wirksamwerden gegenüber nicht voll Geschäftsfähigen
(1) Wird die Willenserklärung einem Geschäftsunfähigen gegenüber abgegeben, so wird sie nicht wirksam, bevor sie dem gesetzlichen Vertreter zugeht.

BGB § 133 Ausle gung einer Willenserklärung
Bei der Auslegung einer Willenserklärung ist der wirkliche Wille zu erforschen und nicht an dem buchstäblichen Sinne des Ausdrucks zu haften.

BGB § 145 Bindung an den Antrag
Wer einem anderen die Schließung eines Vertrags anträgt, ist an den Antrag gebunden, es sei denn, dass er die Gebundenheit ausgeschlossen hat.

BGB § 146 Erlöschen des Antrags
Der Antrag erlischt, wenn er dem Antragenden gegenüber abgelehnt oder wenn er nicht diesem gegenüber nach den §§ 147 bis 149 rechtzeitig angenommen wird.

BGB § 147 Annahmefrist
(1) Der einem Anwesenden gemachte Antrag kann nur sofort angenommen werden. Dies gilt auch von einem mittels Fernsprechers oder einer sonstigen technischen Einrichtung von Person zu Person gemachten Antrag.
(2) Der einem Abwesenden gemachte Antrag kann nur bis zu dem Zeitpunkt angenommen werden, in welchem der Antragende den Eingang der Antwort unter regelmäßigen Umständen erwarten darf.

BGB § 164 Wirkung der Erklärung des Vertreters
(1) Eine Willenserklärung, die jemand innerhalb der ihm zustehenden Vertretungsmacht im Namen des Vertretenen abgibt, wirkt unmittelbar für und gegen den Vertretenen. Es macht keinen Unterschied, ob die Erklärung ausdrücklich im Namen des Vertretenen erfolgt oder ob die Umstände ergeben, dass sie in dessen Namen erfolgen soll.
(2) Tritt der Wille, in fremdem Namen zu handeln, nicht erkennbar hervor, so kommt der Mangel des Willens, im eigenen Namen zu handeln, nicht in Betracht.

BGB § 165 Beschränkt geschäftsfähiger Vertreter
Die Wirksamkeit einer von oder gegenüber einem Vertreter abgegebenen Willenserklärung wird nicht dadurch beeinträchtigt, dass der Vertreter in der Geschäftsfähigkeit beschränkt ist.

	Ja	Nein	Begründung
War das Beiblatt ein Angebot?			
War der Anruf des Händlers in der Praxis ein Angebot?			
Kann Andreas überhaupt für die Praxis Willenserklärungen abgeben?			
War Andreas beauftragt und befugt, die Bestellung aufzugeben?			
Ist der Händler an Willenserklärungen gegenüber beschränkt Geschäftsfähigen gebunden?			
Ist ein Kaufvertrag zustande gekommen?			

b Wie soll Ihrer Meinung nach verfahren werden?

____

____

c Wie ändert sich die Sachlage, wenn Andreas auf das telefonische Angebot zwei Stunden später eine Faxbestellung aufgibt?

____

____

2 Behandlungsvertrag

Behandlungsvertrag
→ OV S. 55–68

Der Facharzt Dr. Franz Werner betreibt eine HNO-ärztliche Praxis mit drei Medizinischen Fachangestellten. Zusätzlich ist er im nahegelegenen Kreiskrankenhaus als Belegarzt auf der HNO-Station tätig. In der Mittagspause unterhalten sich die Auszubildenden über die Rechte und Pflichten, die sich aus einem Behandlungsvertrag ergeben.

1 Die Kassenpatientin Franziska Müller ist zur Behandlung in die Praxis Dr. Franz Werner einbestellt. Da sie schon des Öfteren zu spät gekommen ist, wurde mit ihr durch den MFA Moritz eine Behandlungszeit von 90 Minuten verabredet und schriftlich bestätigt. Am Behandlungsdatum kam die Patientin nicht in die Praxis, ohne vorher den Termin abzusagen. Der Termin konnte auch nicht durch Patienten auf der Warteliste gefüllt werden. Herr Dr. Werner möchte der Patientin nun die ausgefallene Praxiszeit in Rechnung stellen. Er weiß, dass die Behandlung 262,00 € Einnahmen für die Praxis gebracht hätte. Auf der anderen Seite hat sein Wirtschaftsberater ermittelt, dass die Praxisstunde mit 110,00 € Kosten zu kalkulieren ist. Klären Sie mithilfe des Gesetzestextes folgende Fragen.

BGB § 615 Vergütung bei Annahmeverzug und bei Betriebsrisiko
Kommt der Dienstberechtigte mit der Annahme der Dienste in Verzug, so kann der Verpflichtete für die infolge des Verzugs nicht geleisteten Dienste die vereinbarte Vergütung verlangen, ohne zur Nachleistung verpflichtet zu sein. Er muss sich jedoch den Wert desjenigen anrechnen lassen, was er infolge des Unterbleibens der Dienstleistung erspart oder durch anderweitige Verwendung seiner Dienste erwirbt oder zu erwerben böswillig unterlässt.

a Welche Art von Vertrag besteht zwischen Franziska Müller und der Arztpraxis?

____

____

b Ändert sich die Sachlage, wenn Franziska Müller Privatpatientin wäre? Begründen Sie Ihre Antwort.

____

____

c Hat die Praxis einen Zahlungsanspruch gegen die Patientin? Wenn ja, wie hoch ist dieser?

____

____

____

____

d Die Patientin behauptet, dass sie einen Autounfall gehabt habe und deswegen nicht kommen konnte. Wie ist das zu bewerten?

____

____

2 Jeden Dienstag ist für Dr. Werner Operationstag, dann nimmt er in der Regel bei vier bis fünf Patienten kleinere HNO-Eingriffe vor. Im Rahmen der Operationsvorbereitung führt er auch die Aufklärungsgespräche. Beurteilen Sie, ob in den folgenden Fällen eine wirksame Aufklärung vorliegt.

Fall	Ja	Nein	Begründung
Ein Patient verzichtet schriftlich unter Zeugen auf die Aufklärung, weil er die „schlimmen Dinge" alle nicht hören will.			
Da Dr. Werner gerade keine Zeit hat, bittet er Moritz, dem Patienten alle Merkblätter zur geplanten Operation zu überreichen und zu erklären und den Patienten unterschreiben zu lassen. Der Patient unterschreibt alle Merkblätter.			
Der Patient wird kurz vor der Operation über die Risiken des Eingriffs unterrichtet.			
Ein Kassenpatient wird zwei Tage vor dem Eingriff umfassend über die Risiken und Chancen aufgeklärt. Er stimmt dem Eingriff zu, weigert sich aber, dies auf Formblättern zu unterschreiben. Nach dem Eingriff fällt ein geringer Betrag als Eigenanteil für den Patienten an. Er weigert sich, diesen zu bezahlen, da er nichts unterschrieben habe.			
Eine nicht deutschsprechende Patientin wird mithilfe von Bildern aus Büchern „mit Händen und Füßen", bei einer zweiten Sitzung mithilfe einer Dolmetscherin, über einen operativen Eingriff eine Woche vorher aufgeklärt. Sie willigt nach Überlegung in den Eingriff ein. Nach dem Eingriff, der nicht so verlaufen ist, wie sie sich das vorgestellt hat, will sie den Behandler verklagen.			

3 Beurteilen Sie, ob in den folgenden Fällen eine Verletzung der Dokumentationspflicht vorliegt.

a Die Praxis von Dr. Werner stellt die gesamte Dokumentation auf elektronische Erfassung um.

____

____

b Zur Vereinfachung sollen in der elektronischen Dokumentation nur die Abrechnungsziffern eingetragen werden. Daraus ergibt sich schließlich die Behandlung, meint der MFA Moritz.

____

____

____

____

c Knapp 2 Jahre nach der Behandlung wird eine Behandlung von Dr. Werner vor Gericht verhandelt. Der Kassenpatient Jochen Schröder hatte behauptet, dass er nicht aufgeklärt worden ist, weil nichts „Schriftliches" existiert. Was im Computer der Arztpraxis steht, hat er nie gesehen. Beim Gerichtstermin legt die Dr. Werner einen Ausdruck der Patientenakte vor und bringt die Patientenakte auch elektronisch auf einem Laptop mit. Hier ersehen der Richter und ein Gutachter, dass eine umfassende Dokumentation über die Aufklärung des Patienten eingetragen ist.

____

____

____

d Nach der Umstellung auf elektronische Dokumentation können alle Dokumentationen auch nachträglich von allen Mitarbeitern in der Praxis Dr. Werner geändert werden, ohne dass dies ersichtlich ist.

____

____

____

4 Liegt in den folgenden Fällen eine Verletzung der Schweigepflicht vor?

Fall	Ja	Nein	Begründung
Der Arzt unterrichtet die Gesundheitsbehörde über die HIV-Infektion eines Patienten.			
Vor Gericht müssen die Behandlungsdaten des Patienten offengelegt werden.			
Die Lebensversicherung eines Patienten wendet sich an die Praxis und bittet um Bestätigung der Krankheitsangaben des Patienten. Dieser hatte der Versicherung die Erlaubnis erteilt.			
Die Abrechnung mit Privatpatienten soll in Zukunft über eine Factoring-Gesellschaft laufen. Dabei werden die Daten der Patienten an die Gesellschaft weitergegeben.			
Seit vielen Jahren läuft die Abrechnung in einer Praxis über eine Inkassogesellschaft. Mittlerweile stellt sich heraus, dass sich die Gesellschaft über eine Bank refinanziert und dabei Patientendaten weitergibt.			

5 Nennen Sie drei Beispiele, wie und wann der Patient seine Pflichten aus dem Behandlungsvertrag verletzt.

1 ______________________________

2 ______________________________

3 ______________________________

Haftung und Schadenersatz
→ OV S. 68–71

3 Haftung und Schadenersatz

Die Auszubildende Anna beschäftigt sich im Berufsschulunterricht mit den rechtlichen Folgen, die aus eigenem oder fremdem Verschulden resultieren. Ihre Lehrerin interessiert im Besonderem die Haftung aus einem Vertrag, einer schuldhaften Vertragsverletzung und aus unerlaubter Handlung.

1 Entscheiden Sie folgende Fälle und begründen Sie Ihre Entscheidung. Haftet die MFA?

a Gönül Yakutan ist ausgelernte MFA und tätig in einer Fachpraxis für Allgemeinmedizin. Heute erscheint Walter Schmidt mit einer kleinen Schnittwunde am Unterarm. Sie versorgt den Arm, indem sie ihn zunächst säubert und dann verbindet. Herr Schmidt verlässt die Praxis und merkt im Bus, dass sich der Verband wieder löst. Zornig kommt er zurück und wird ein weiteres Mal von Gönül versorgt. Die Ärztin verlangt nun Schadenersatz für das verbrauchte Material und den Zeitaufwand von Gönül.

b In der Facharztpraxis für Allgemeinmedizin herrscht ein großes Durcheinander. Das Wartezimmer ist überfüllt und der Arzt muss zu einem Notfall und verlässt die Praxis. Er beauftragt seinen MFA Maik Köhler, bei Frau Gutmann, die sich mit Verdacht auf Nierensteine vorgestellt hat, eine Infusion vorzubereiten und durchzuführen. Während Frau Gutmann die Infusion erhält, spürt sie, dass sie die Medikation nicht verträgt und erleidet einen anaphylaktischen Schock, den der MFA nicht sofort entdeckt, da er mit den anderen Patienten beschäftigt ist. Frau Gutmann muss ins Krankenhaus. Da sie bleibende Schädigungen erleidet, verklagt sie den Arzt auf Schadensersatz. Dieser lehnt mit der Begründung ab, dass nicht er, sondern sein MFA den Schaden verschuldet hat.

c Eine MFA fertigt eine Röntgenaufnahme, die keine Diagnose zulässt. Nachdem eine zweite Aufnahme gefertigt werden muss, verklagt die Patientin die MFA wegen erhöhter Strahlenbelastung.

d Einer MFA, die seit Jahren in der Abrechnung einer Arztpraxis arbeitet, ist ein großer Abrechnungsfehler unterlaufen. Die Krankenkasse verlangt nun von ihr den Ersatz des Schadens für zu viel abgerechnete Leistungen in Höhe von 1000,00 €.

4 Gesprächs- und Personalführung

Gesprächsführung
→ OV S. 73–79

Die Auszubildende Anna hat in der überbetrieblichen Ausbildung eine Unterrichtseinheit zum Thema Kommunikation und Körpersprache besucht. In der Pause unterhält sie sich mit Funda im Pausenraum über die Inhalte der Schulung. Funda hört gespannt zu und ist erstaunt, dass jeder überwiegend nonverbal kommuniziert.

1 Erläutern Sie den Satz: „Man kann nicht nicht kommunizieren" an den unterschiedlichen Reaktionen auf diese Situation: Ein Patient kommt 30 Minuten zu spät zu seinem Termin abgehetzt in die Praxis. Überlegen Sie auch, ob der Patient nach der jeweiligen Begrüßung wiederkommen würde.

a Sie schauen ihn nicht an und deuten mit einem Finger auf das Wartezimmer, ohne etwas zu sagen.

b Sie schauen ihn freundlich an, begrüßen ihn und bitten ihn, im Wartezimmer Platz zu nehmen.

c Erster Satz von Ihnen: „Sie sind zu spät, Herr Müller! Ob das heute noch was wird?" Sie deuten auf das Wartezimmer.

d Freundliche Begrüßung des Patienten mit Augenkontakt. Sie weisen ihn darauf hin, dass er leider 30 Minuten zu spät ist und sagen: „Bitte nehmen Sie im Wartezimmer Platz, wir werden uns bemühen, Sie „einzubauen". Es dauert aber in jedem Fall etwas länger."

e Erster Satz von Ihnen: „Das dauert heute!" Sie zeigen auf das Wartezimmer.

2 Nennen und beschreiben Sie anhand der folgenden Beispiele den Führungsstil der Praxis.

a Die MFA macht den Patienten darauf aufmerksam, dass er wieder zu spät zu seinem Behandlungstermin kam und bittet ihn, in Zukunft pünktlich zu sein. Der Chef reagiert ungehalten:

„Was fällt Ihnen ein? Das ist nicht Ihre Aufgabe! Sie können doch hier nicht meine Patienten maßregeln. In solchen Fällen geben Sie mir Bescheid und ich werde den Patienten dann darauf ansprechen. Und jetzt gehen Sie wieder an Ihre Arbeit!"

____

____

____

b Die MFA macht den Patienten darauf aufmerksam, dass er wieder zu spät zu seinem Behandlungstermin kam und bittet ihn, in Zukunft pünktlich zu sein. Der Chef reagiert entspannt:

„Das ist doch nicht so schlimm. Kann doch mal vorkommen, dass jemand zu spät kommt. So hatten Sie halt eine kleine Extrapause. Wir bleiben dann halt ein paar Minuten länger, wir haben ja Zeit ..."

____

____

____

3 Es ist Mittagspause in der Praxis Dr. Joachim Meckel, in der außer Ihnen drei MFA (Petra, Anja und Fenya) arbeiten. Der Arzt ist zurzeit nicht in der Praxis. Im Folgenden sind verschiedene „Telefonsituationen" aus dem Praxisalltag dargestellt. Versetzen Sie sich in die jeweilige Situation und klären Sie: Auf was achten Sie besonders? Welche Unterlagen benötigen Sie? Welche Regelung treffen Sie? Fertigen Sie eine Gesprächsnotiz.

a Sie sind mit Petra in der Praxis und nehmen einen Anruf entgegen.

Anruferin: „Hallo, hier spricht Daniela Herbst, ich habe heute um 14.00 Uhr einen halbstündigen Vorsorgetermin. Ich kann aber erst eine Stunde später kommen, da ich meine Tochter noch zum Kindergarten bringen muss."

Auf was achten?	Unterlagen	Regelung	Gesprächsnotiz

b Sie sind mit Petra und Anja in der Praxis. Sie sollen den Patienten Walter Müller anrufen und einen Termin verschieben.

Praxis: „Guten Tag, hier ist die Praxis Dr. Meckel. Leider müssen wir Ihren heutigen 14.00-Uhr-Termin verschieben, da Herr Dr. Meckel zu einer Beerdigung muss."

Walter Müller: „Das ist jetzt nicht Ihr Ernst, oder? Ich habe mir für diesen Termin extra frei genommen."

Auf was achten?	Unterlagen	Regelung	Gesprächsnotiz

c Sie sind mit Petra, Anja und Fenya in der Praxis, als Frau Sziminiak von der Berufsgenossenschaft Nahrung anruft.
Frau Sziminiak: „Guten Tag, Sziminiak hier von der Berufsgenossenschaft Nahrung. Können Sie mir bitte sagen, seit wann Herr Moritz Schnauf bei Ihnen in Behandlung ist und ob er eine Stauballergie hat? Behandeln Sie noch weitere Mitglieder seiner Familie?“

Auf was achten?	Unterlagen	Regelung	Gesprächsnotiz

d Sie sind allein in der Praxis und es ruft eine Dagmar vom Golfclub an.
Dagmar: „Hallöchen, ist Joachim da? Ich wollte fragen, ob es bei der Verabredung heute um 19.00 Uhr bleibt“

Auf was achten?	Unterlagen	Regelung	Gesprächsnotiz

e Sie sind allein in der Praxis und nehmen einen Anruf von einem Herrn Schirwinsky entgegen, der sehr schnell und aufgeregt spricht.
Herr Schirwinsky: „Guten Tag, Schirwinsky hier, vom medizinischen Großhandel Schaupp und Söhne aus Landau. Ich hatte schon einmal angerufen und Ihnen eine Tischzentrifuge zu unserem Sonderpreis von 999,00 € angeboten. Nun haben wir das letzte Stück am Lager und ich benötige jetzt eine Antwort, ob Sie bestellen möchten. Es haben noch ein paar andere Praxen Interesse.“

Auf was achten?	Unterlagen	Regelung	Gesprächsnotiz

Konfliktmanagement
→ OV S. 83–85

5 Konflikte meistern

Der Medizinische Fachangestellte Jerome Köhler nimmt zum ersten Mal an der Teamsitzung in seiner neuen Praxis, der BAG Memmingen, teil und erfährt, dass seine Kolleginnen einige Kritikpunkte zu seiner Arbeitsweise haben. Er weiß, dass er zunächst aktiv zuhören und nicht sofort in die Offensive gehen sollte. Tatsächlich erkennt er sich in einigen Kritikpunkten wieder und sieht dies als Chance und Lehrstunde, um Konfliktsituationen im Praxisalltag besser meistern zu können.

1 Jerome ist heute am Empfang tätig. Ohne Termin betritt Frau Meier, 85 Jahre alt und eine langjährige Patientin, die Anmeldung. Sie ist offensichtlich ziemlich verwirrt und will sofort behandelt werden. Wie reagieren Sie richtig? Geben Sie drei mögliche Reaktionen an.

2 Nach der Mittagspause öffnet Jerome die Praxis und vor der Tür stehen ca. 30 Patienten. Einige davon drücken deutlich ihren Unmut aus: „Na endlich, dass wird jetzt auch mal Zeit“, „Kopf nur zum Haareschneiden!“ oder „Das grenzt an Körperverletzung, uns hier in der Kälte warten zu lassen!“. Wie reagiert Jerome richtig? Nennen Sie mögliche Reaktionen.

3 Die Praxis ist heute wieder besonders gut besucht. Ein Patient tritt aus dem Wartezimmer und faucht Jerome an: „Das ist eine Unverschämtheit! Wie lange soll ich noch warten! Was erlauben Sie sich, mich so lange warten zu lassen, Sie frecher Kerl!“. Wie reagiert Jerome in dieser Situation angemessen?

6 Datenverwaltung

Datenverwaltung
→ OV S. 86–103

Die Praxis Dr. Stefan Dorflinger besteht aus dem Team von Assistenzarzt Dr. Baldigner, acht MFA sowie zwei Auszubildenden. Die Praxis verfügt über fünf Behandlungsräume, zwei Wartezimmer, ein kleines Labor, einen Aufenthaltsraum mit Küche und WC und eine kleine Rezeption. Es fallen immer mehr Daten in einer Arztpraxis an, die auch geordnet werden müssen. Die EDV hilft dabei, erfordert aber auch zusätzliche Arbeit.

1 Die Auszubildende Anna Di Fabio ist heute an der Anmeldung tätig. Nach ihrer Mittagspause ordnet sie die liegengebliebenen Akten und kümmert sich um anfallende Verwaltungsarbeiten.

a Folgende Namen sortiert sie nach der alphabetischen Ordnung. Notieren Sie die Namen in der richtigen Reihenfolge.

Illinger			Baecker, Erwin	
Funk			Keßler Elvira	
Zahn			Kessler, Fritz	
Meister			Bäcker, Erwin	
Jahn			Baecker, Paul	
Abel			Keßler, Fritz	

Dr. Gernold Aue	
Dipl.-Kfm. Andreas Bergen	
Roland van Bergen	
Graf Albert von Falkenstein	
Prof. Dr. Arno Schimmel	
Gerd von der Aue	

Meyer, A.	
Meyer	
Meyer-Hold, Gerda	
Meyer, Alb.	
Meyer, Albert	
Meyer-Hold, Albert	
Meyer-Hold	

b Welche Ordnungssysteme verwendet man in der Praxis zusätzlich? Nennen Sie auch Beispiele.

____

____

____

2 Die Praxis von Dr. Dorflinger plant, ein neues Praxisverwaltungssystem (PVS) einzuführen. Diese Entscheidung muss gut überlegt sein.

a Welche Funktionen sollte ein PVS haben?

____

____

____

____

b Was versteht man unter „Cloud-Computing"? Was sind die Vor- und Nachteile dieses Verfahrens?

Erklärung: ______________________________

____

____

____

____

Vorteile: ______________________________

____

Nachteile: ______________________________

____

c Im Rahmen der Einführung des neuen PVS soll auch überprüft werden, ob in der Praxis die Bestimmungen der Europäischen Datenschutzgrundverordnung (DSGVO) umgesetzt werden. Beurteilen Sie die folgenden Situationen unter Berücksichtigung der DSGVO.

Situation	Beurteilung
Dr. Baldigner soll Datenschutzbeauftragter in der Praxis werden.	
In der Praxis muss ein Datenschutzbeauftragter benannt werden	
Beim Betreten der Praxis können Patienten auf den Bildschirm schauen.	

Situation	Beurteilung
Wenn mehrere Patienten an der Rezeption stehen, können sie den Gesprächen zuhören.	
Die MFA Sonia nimmt einen Laptop der Praxis mit nachhause, um die Abrechnung vorzubereiten.	
Der MFA Andreas weiß bis heute noch nicht, was er bei der Aufnahme eines Patienten im Praxisverwaltungssystem zu beachten hat.	
Ein Patient beschwert sich. Er hat erfahren, dass seine persönlichen Daten bei der Blutuntersuchung an das Labor weitergegeben werden.	
Ein Kassenpatient beschwert sich, dass seine persönlichen Daten mit dem PVS erfasst und verarbeitet werden.	
Ein Privatpatient beschwert sich, dass seine persönlichen Daten mit dem PVS erfasst und verarbeitet werden.	
Bei einer Teambesprechung stellt sich heraus, dass vier MFA das gleiche Passwort für den Zugriff auf das PVS haben.	
Bei einer Teambesprechung stellt sich heraus, dass der Hinweis des Virenscanners auf Aktualisierung von den meisten Computerbenutzern „weggeklickt“ wird.	
Die Praxis erhält eine E-Mail, dass sie in einem Preisausschreiben 100000,00 € gewonnen hat. Man soll auf ein Weiter-Symbol klicken.	

d Nennen Sie konkrete Beispiele, wieso in diesem Bereich der Einsatz von EDV sinnvoll ist.

Bereich/Tätigkeit	Begründung
Anmeldung	
Mahnwesen	
Diagnosebriefe anfertigen	
Recall	
Vorhandene Patientenakten	
Wartungsverträge, Mietverträge, Zertifikate	

3 Mit Einführung der Telematikinfrastruktur wird verschiedene Hard- und Software in der Arztpraxis benötigt.

a Unterscheiden Sie Anwendersoftware und Systemsoftware. Nennen Sie Beispiele.

Systemsoftware: ______________________________

____

Anwendersoftware: ______________________________

____

b Welche Hardware wird speziell für die Telematikinfrastruktur neben der Computeranlage benötigt?

____

c Mit dem Einlesen der Daten der elektronischen Gesundheitskarte werden nur die wichtigsten Daten des Patienten im PVS erfasst. Welche Daten erhebt jede Arztpraxis zusätzlich?

____

____

d Begründen Sie, ob die folgenden Behauptungen richtig oder falsch sind.

Behauptung	richtig	falsch	Begründung
Die Praxis kann die falsche Adresse auf der eGK ändern.			
Die Praxis kann zusätzliche Daten zum Patienten im PVS erheben.			
Im Notfalldatenmanagement können auch persönliche Erklärungen des Patienten enthalten sein.			
Das Führen einer elektronischen Patientenakte (ePA) ist ab 2022 für den Patienten Pflicht.			
Die Arztpraxis muss in der Lage sein, die ePA für einen Patienten zu führen.			
Das Rezeptformular und die Arbeitsunfähigkeitsbescheinigung wird es in Zukunft nur noch digital geben.			
Über das sogenannte KIM können in Zukunft die Patienten mit der Arztpraxis kommunizieren.			

4 Dr. Dorflinger hat sich auch einen neuen Laptop angeschafft und beauftragt seine MFA Sabrina damit, sich mit diesem vertraut zu machen. Dazu soll sie grundlegende Fragen beantworten und Informationen liefern können.

a Wofür steht die Abkürzung EDV? Worin besteht der Unterschied zur Datenverarbeitung?

____

____

____

b Sabrina erkundet das Internet mithilfe eines Browsers. Nennen Sie zwei Browser.

____

c Des Weiteren informiert sich Sabrina über das Thema Datensicherheit. Handelt es sich bei den folgenden Maßnahmen um organisatorische, technische oder programmtechnische Maßnahmen (bitte ankreuzen)?

Maßnahme	Programmtechnisch	Organisatorisch	Technisch
Kopierschutz			
Anbindung an ein Notstromaggregat			
Röntgenbild als DICOM-Datei			
Erstellung von Sicherungskopien			
Passwortverfahren			
Firewall-Installation			
Führen eines Logbuches			
Dateiverschlüsselung			

d Wie wird eine Software genannt, die kostenlos zur Verfügung gestellt wird (mehrere Antworten)?

Freeware	
Malware	
Salesoftware	
Shareware	
Firmware	
Update	

e Sabrina ist ungeduldig und betätigt die rechte Maustaste. Was geschieht?

Sie markiert ein Wort in einem Text.	
Der angezeigte Fensterinhalt rollt nach oben.	
Der angezeigte Fensterinhalt rollt nach unten.	
Ein Kontextmenü öffnet sich.	
Sie löscht das Formular.	
Nichts	

f Sabrina hat bei der Recherche eine neue Software gefunden, aber leider den Namen vergessen. Sie soll Dr. Dorflinger daher einen Screenshot ihres Browserverlaufes zusenden. Was ist ein Screenshot?

Ein Fehler im Display.	
Ein Fenster, dass sich durch einen Mausklick öffnet.	
Eine Kopie des aktuellen Bildschirminhalts.	
Ein Programm zur Wiederherstellung der Internetseite.	
Ein Virenprogramm zur Weitergabe von personenbezogenen Daten.	
Der Bildschirm wird dunkel.	

g Wofür steht das E in E-Mail?

Electric	
Equal	
External	
Electronic	
Extra	
Elektrisch	

h Plötzlich fällt das WLAN in der Praxis aus. Damit Sabrina weiterarbeiten kann, richtet sie auf ihrem Handy einen Hotspot ein. Was bedeutet Hotspot?

Eine kritische Softwareanwendung.	
Eine kurze Zeitspanne zur Systemwiederherstellung.	
Ein öffentlicher Zugriffspunkt auf das Internet.	
Eine Internetseite mit besonders vielen Nutzern.	
Ein umfangreiches Verzeichnis auf der Festplatte.	
Ein heißer Platz.	

i Womit/worauf können Daten gesichert werden (mehrere Antworten)?

auf DVD	
mit dem Drucker	
in der Cloud	
auf dem Bildschirm	
auf einem Stick	
auf Disketten	
auf einer weiteren Festplatte	

5 Der Datenschutz hatte in den Arztpraxen schon immer einen hohen Stellenwert. Weshalb hat der Datenschutz heute so einen hohen Stellenwert in Verordnungen und Gesetzen bekommen?

____

____

____

____

____

LF 6 Waren beschaffen und verwalten

Themenschwerpunkte:
- Lagerhaltung: Bestellungen, Lagerorganisation
- Abfallvermeidung
- Abschluss eines Kaufvertrags: Anfrage, Angebot, Angebotsvergleich, Vertragsarten, Ungültigkeit von Verträgen
- Störungen des Kaufvertrags: Nicht-Rechtzeitig-Lieferung, Schlechtleistung, AGB, Garantien
- Umgang mit Geld: Zahlungsmöglichkeiten, Funktion des Geldes
- Rechnungen: Rechnungsstellung, Zahlungsüberwachung, Belege

1 Bestell- und Lagerorganisation

Lagerorganisation und Lagerhaltung
→ OV S. 113–115

In der Arztpraxis von Dr. Jürgen Weniger gibt es immer wieder Probleme bei der Lagerhaltung. Es ist wenig Lagerfläche vorhanden und die Bestellungen erfolgen oft chaotisch. Oft fehlen wichtige Materialien, was für Frust bei den Mitarbeitern und Patienten sorgt.

1 Die MFA Jessica Köhler soll nun zukünftig in der Arztpraxis Dr. Weniger für die Lagerorganisation zuständig sein.

a Erklären Sie das Ziel der Lagerhaltung in einer Arztpraxis.

____

____

b Erklären Sie die Vor- und Nachteile der Lagerhaltung an zwei Beispielen.

Vorteile: ____

____

Nachteile: ____

____

c Worauf muss geachtet werden, wenn Sprechstundenbedarf, Praxisbedarf und Betäubungsmittel geliefert werden?

____

____

____

____

d Für eine optimale Lagerhaltung spielen Höchstbestand, Meldebestand und Mindestbestand eine wichtige Rolle. Erklären Sie die Begriffe.

Höchstbestand: ______________________________

____

Meldebestand: ______________________________

____

Mindestbestand: ______________________________

____

e Die Praxis von Dr. Weniger hat bei einem Einsatz in 3 Räumen einen Verbrauch von 38 Paar Einmalhandschuhen pro Raum. Der Mindestbestand beträgt 3 Packungen, der Höchstbestand 30 Packungen bei einem Packungsinhalt von 100 Stück. Die Lieferzeit beträgt 3 Tage. Ermitteln Sie den Meldebestand für Einmalhandschuhe und stellen Sie den Rechenweg dar.

____

____

____

f Nach wie viel Tagen ist der Meldebestand erreicht, sodass in der Praxis eine neue Lieferung Einmalhandschuhe bestellt werden muss (Ausgangspunkt: Höchstbestand)?

____

____

g Zur Lagerorganisation gehört auch die Entgegennahme der Ware. Erstellen Sie hierfür eine kurze Checkliste.

1. ______________________________

2. ______________________________

3. ______________________________

4. ______________________________

5. ______________________________

2 Umweltschutz in der Arztpraxis

Umweltschutz in der Arztpraxis
→ OV S. 115–117

In der Praxis Wagnermeier fallen täglich unterschiedlichste Mengen an Müll in den verschiedenen Bereichen der Praxis an. Die MFA Sabrina ist heute im Behandlungszimmer 3 eingesetzt und soll es nach jedem Patienten wieder herrichten.

1 Nennen Sie mögliche Beispiele zur Abfallvermeidung in einer Arztpraxis.

____

____

____

____

2 Der Umweltschutz spielt in der Praxis Wagnermeier eine wichtige Rolle und wurde ins Praxisleitbild übernommen. Nennen Sie drei Möglichkeiten, wie die Praxis dem Umweltschutz gerecht werden kann.

____

____

____

3 Entscheiden Sie, ob die angegebene Maßnahme im Sinne des Umweltschutzes und des Hygieneschutzes realisierbar ist:

Maßnahme	Ökologisch sinnvoll? (Ja/Nein)	Hygiene- und Datenschutzbestimmungen entsprechend (Ja/Nein)	Begründung
Die Patienten bringen ihr eigenes Toilettenpapier mit.			
Es werden Baumwollhandtücher im Patienten-WC verwendet.			
Die Kinderarztpraxis erwartet, dass die Patienten ihre Unterlage von zuhause mitbringen.			
Die Arztpraxis verwendet Fehldrucke als Schmierpapier.			
Anstelle eines Flächendesinfektionsmittel wird die Liegenfläche mit Essig gereinigt.			
Anstelle von Terminkärtchen erhält der Patient eine SMS.			
Patienten erhalten ihr Rezept als QR-Code auf ihr Handy			

Anfrage und Angebot
→ OV S. 118–119
Kaufvertrag
→ S. 120–123

3 Vorbereitung von Kaufentscheidungen

Nachdem Dr. Dirk Germer vor einem Jahr eine Hausarztpraxis übernommen hat, möchte er einen Teil der Ausstattung, die noch von seinem Vorgänger stammt, erneuern und renovieren. Er wird bei der Vorbereitung von seinem Medizinischen Fachangestellten Bastian Fuchs unterstützt.

1 Welche Bezugsquellen kann Bastian verwenden? Nennen Sie drei.

____

____

2 Bastian möchte sich zunächst einen Überblick über das Warensortiment verschiedener Firmen verschaffen. Wie wird diese Art der Anfrage genannt?

____

3 Die Praxis von Dr. Dirk Germer bittet die Firma Meisterknecht GmbH um schriftliche Informationen über eine neue Computeranlage mit insgesamt 5 Arbeitsplatzrechnern, einen größeren Server und einen kombinierten Laserdrucker mit Fax-, Kopier- und Scanmöglichkeit sowie dazu noch zwei Laptops. Die Ansprüche an die Rechner hat der MFA Bastian Fuchs bereits telefonisch mit der Firma besprochen. Die Lieferung soll im Januar des nächsten Jahres in der Ferienzeit der Praxis erfolgen. Die Vernetzung sollte dann auch durch die Firma Meisterknecht erfolgen.

a Wie nennt man die Bitte der Praxis rechtlich?

____

b Ist damit schon ein Kaufvertrag oder Vorvertrag zustande gekommen? Begründen Sie Ihre Antwort.

____

____

Von der Firma Meisterknecht bekommt die Praxis Dr. Germer die folgende Antwort.

Arztpraxis Dr. Dirk Germer
MFA Bastian Fuchs
Genderweg 96
79117 Freiburg

meisterknecht gmbh
büromaschinen + computersysteme
79098 freiburg
welfenstr. 125
fon (0761) 3 16 66
fax (0761) 3 76 55

geschäftsführer: h. meisterknecht
hdl.-reg. hrb 1456
stnr. 095777/48848

Angebot, Ihre Anfrage, unser Telefongespräch Freiburg, 19. 12. 2024

Sehr geehrter Herr Fuchs,

vielen Dank für Ihre freundliche Anfrage und unser Telefongespräch von gestern.

Die neuen Rechner können wir Ihnen momentan zu einem günstigen Preis anbieten:

2 Laptops	2500,00 €
5 Arbeitsplatzrechner (Ausstattung siehe beiliegendes Prospekt)	5200,00 €
Ein Server (Ausstattung siehe beiliegendes Prospekt)	1200,00 €
Kombidrucker (Ausstattung siehe beiliegendes Prospekt)	500,00 €
Gesamt	9400,00 €

Diese Preise verstehen sich inklusive der Vernetzung in Ihren Räumen in der angegebenen Zeit. Bei Bezahlung innerhalb von 14 Tagen gewähren wir 3 % Skonto. Alle Rechner sind mit Ihrem PVS kompatibel.

Gerne steht Ihnen Herr Meisterknecht für ein weiteres Beratungsgespräch zur Verfügung.

Wir würden uns freuen, Ihren geschätzten Auftrag zu erhalten.

Hochachtungsvoll

i.V. Lisa Maier

Anlagen

c Wie bezeichnet man das Schreiben der Firma Meisterknecht?

d Wie lange ist die Firma an ihr Angebot gebunden?

e Welche Möglichkeit besteht, das Angebot unverbindlich zu gestalten? Nennen Sie zwei Beispiele.

f Ist mit dem Schreiben der Meisterknecht GmbH schon ein Kaufvertrag zustande gekommen? Begründen Sie Ihre Antwort.

g Bastian Fuchs bestellt aufgrund des Angebots der Firma Meisterknecht und eines persönlichen Beratungsgesprächs, welches am 28. 12. 2024 anlässlich einer Teambesprechung in der Praxis stattgefunden hat. Die Firma Meisterknecht bittet um eine schriftliche Bestellung (auch per E-Mail oder Fax möglich). Führen Sie die Bestellung schriftlich durch! Fehlende Angaben können Sie sinngemäß ergänzen.

h Nennen Sie drei Bestandteile, die ein Angebot enthalten sollte.

____

____

i Welche Preisnachlassarten werden unterschieden? Ergänzen Sie die Angaben in der Tabelle.

Nachlass	Erklärung	Beispiel
	Preisnachlass bei vorzeitiger Zahlung	
Bonus		
		10 % bei Abnahme von 5 Packungen

5 In der Praxis Dr. Germer soll auch der Anmeldebereich umgebaut werden. Hierzu liegt ein Angebot der Firma Hägele OHG vor.

HEINRICH HÄGELE OHG – Ladenbau & Geschäftsausstattung

Heinrich Hägele OHG Günterstr. 149 • 79104 Freiburg

Praxis Dr. Dirk Germer
Genderweg 96
79117 Freiburg

Telefon
(0761)74085
Telefax
(0761)74085
St.-Nr. 458848884

Name	Ihre Zeichen, Ihre Nachricht vom	Unsere Zeichen, unsere Nachricht vom	Datum
Kohler	01-12-24	Hä/klm	07.12.24

Ihre Anfrage vom 01-12-24

Sehr gehrter Herr Dr. Germer,

mit großem Interesse haben wir Ihr Schreiben gelesen.
Gerne unterbreiten wir Ihnen ein freibleibendes Angebot für eine neue Rezeption. Zurzeit können wir Ihnen eine Einrichtung günstig anbieten, die wir auf der „HAGA“ in Stuttgart ausgestellt hatten. Es handelt sich um die Rezeption
„blue velvet plus 2030“ inklusive aller Aufbauten wie im Prospekt abgebildet, zzgl. gesetzliche Mehrwertsteuer 25 500,– €.

Die nähere Beschreibung entnehmen Sie bitte den beigefügten Informationen.
Für die gesamte Rezeption erhalten Sie bei Bestellung bis zum 31.12.24 einen Messerabat von 10 %. Bei Bezahlung innerhalb von 10 Tagen gewähren wir zudem Skonto von 3 %. Die Lieferung erfolgt versandkostenfrei.
Wir freuen uns, wieder von Ihnen zu hören.

Mit freundlichen Grüßen Anlagen

Gez. Kohler

a Wodurch unterscheidet sich das Angebot der Meisterknecht GmbH von dem Angebot der Hägele OHG?

____

____

b Bastian soll nun den Kaufpreis der Rezeption nach dem untenstehenden Muster berechnen, wenn die Praxis das Angebot bis zum 30.12. annimmt und den Skonto in Anspruch nimmt.

Angebotsinhalt	Betrag
Listenpreis	
- Rabatt	
= Zieleinkaufspreis	
- Skonto	
= Bareinkaufspreis	
+ 19 % Umsatzsteuer	
= Endpreis	

c Dirk Germer möchte das Angebot annehmen und schreibt die Bestellung. Ist damit der Kaufvertrag zustande gekommen?

d Das Factoring-Unternehmen, mit dem Dr. Germer zusammen arbeitet, bietet an, die Summe zu begleichen, um den Skontobetrag zu erhalten. Hierfür fallen 2,5 % Gebühr vom Endpreis an. Rückzahlung in 90 Tagen. Lohnt der Skontoabzug auch in diesem Fall? Vergleichen Sie das Angebot auch mit dem Angebot der Bank: Überziehungszinsen: 3 %, Rückzahlung in 12 gleichen Monatsraten.

e Bastian soll die Rechnung einscannen und ablegen. Nach welchem Kriterium wird er dies tun und wie lange soll dieser Beleg aufbewahrt werden? Begründen Sie Ihre Antwort.

4 In der Praxis Dr. Germer gehen die Vorräte an Desinfektionsmittellösung zur Neige. Damit der Mindestbestand unberührt bleibt, muss Bastian Fuchs dringend bestellen. Er hat die Wahl zwischen zwei Anbietern mit unterschiedlichen Preisen und Lieferkonditionen. Die Praxis benötigt 50 Liter unter Berücksichtigung der Mehrwertsteuer.
Anbieter 1: Ein Fünf-Liter-Kanister kostet 51,20 €, bei Zahlung innerhalb von 7 Tagen 3,5 % Skonto, 7 % Rabatt und keine Lieferkosten, 4 Jahre Mindesthaltbarkeit, Lieferzeit 14 Werktage nach Bestellungseingang.
Anbieter 2: Ein Zehn-Liter-Kanister kostet 98,66 €, 5,5 % Sonderrabatt, 50 € Lieferkosten, bei Zahlung innerhalb 10 Tage 2,5 % Skonto, 5 Jahre Garantie, Lieferzeit 3 Werktage.

a Ermitteln Sie den günstigeren Anbieter.

Angebotsinhalt	Anbieter 1	Anbieter 2
Listenpreis		
– Rabatt		
= Zieleinkaufspreis		
– Skonto		
= Bareinkaufspreis		
+ Bezugskosten		
= Bezugspreis		
+ 19% Umsatzsteuer		
= Endpreis		

b Neben dem Preis sind auch noch weitere Angaben für eine Kaufentscheidung von Bedeutung. Welche sind das bei den vorliegenden Angeboten? Welches Angebot könnte in der aktuellen Situation der Praxis Dr. Germer besonders interessant sein?

5 Wann kommt in den folgenden Situationen ein Kaufvertrag zustande?

a Sie bestellen aus einem Prospekt mit der Aufschrift „Sonderangebote" mehrere Pakete Schutzhandschuhe zu einem günstigen Preis.

b Sie laden aus der Internet-Postfiliale Briefmarken im Set zu 50,- € herunter. Der Betrag wird immer am Monatsende abgebucht.

c Sie haben für die Praxis eine Software im Internet bestellt und auf Ihren privaten Rechner heruntergeladen. Der Rechnungsbetrag wird über Kreditkarte der Praxis am Monatsende bezahlt.

d Wer ist Besitzer und wer ist Eigentümer der Software aus Aufgabe c?

e Die Praxis bestellt eine neue Röntgenanlage für 30 000,00 € und bezahlt in Raten zu 1000,00 €. Die Anlage wird unter Eigentumsvorbehalt geliefert.

f Auf einem Messestand entdecken Sie ein zu niedrig ausgezeichnetes Blutdruckmessgerät. Sie möchten es zu dem niedrigen Preis erwerben.

____

____

6 Welche Art von Vertrag kommt in den folgenden Situationen zustande?
(Sach)Darlehensvertrag, Behandlungsvertrag, Kreditvertrag, Leihvertrag, Mietvertrag, Mietvertrag, Pachtvertrag, Werklieferungsvertrag, Werkvertrag, Werkvertrag

Situation	Vertragsart
Fritz Schmal geht zum Frisör und lässt sich eine Dauerwelle legen.	
Familie Sauer möchte eine Gaststätte eröffnen.	
Sie benötigen dringend Briefmarken, die Sie sich in der Nachbarpraxis besorgen und sagen, dass Sie sie demnächst wieder zurückbringen.	
Die Praxis muss kurzfristig den gewährten Überziehungskredit der Bank in Anspruch nehmen.	
Der Klempner wird beauftragt, ein neues Waschbecken in Behandlungsraum 3 zu installieren.	
Der Vertrag für die Nutzung der Praxisräume muss verlängert werden.	
Sie wollen Ihrem Chef eine neue DVD vorstellen. Er nimmt sie mit nach Hause und bringt sie am nächsten Tag wieder mit.	
Herr Weng bekommt von seinem Chef unentgeltlich und auf Lebenszeit die Firmenwohnung zur Verfügung gestellt.	
Ramona möchte sich aus ihrem Stoff ein Kostüm nähen lassen.	
Herr Wehlich vereinbart einen Hausbesuch mit Dr. Wagnermeier.	

7 Welche Kaufvertragsart kommt in den folgenden Situationen zustande?

Situation	Vertragsart
Die Praxis bestellt eine kleine Menge eines neuen Verbandmaterials.	
Die Lieferung einer Röntgenanlage erfolgt nach der Bestimmung „zum 30.09.21 fix".	
Der Kaufvertrag verpflichtet Herrn Schmal zur Zahlung einer offenstehenden Rechnung innerhalb 30 Tagen.	
Kauf mit Rückgabemöglichkeit nicht verkaufter Ware	
Kauf im Internet mit Rückgabefrist	
Gartenbaubetrieb Grünlich ordert beim Baustoffhändler 5 Tonnen Splitt, die er monatlich abholt.	
Paul kauft sich einen Fernseher. Den Kaufpreis kann er in gleichbleibenden Monatsbeträgen innerhalb eines Jahres abbezahlen.	
Frau Meier bestellt ein neues Auto. Es wird in der KW 35 geliefert.	

8 Der MFA Sebastian schreibt in der Schule eine Klassenarbeit zum Thema Vertragsarten. Um sich darauf vorzubereiten hat ihnen die Lehrerin eine Vorlage für eine Drehscheibe zu den Vertragsarten ausgehändigt, die sie in der Klassenarbeit verwenden dürfen.

Vorbereitung:
Kopieren Sie die beiden folgenden Seiten und schneiden Sie die beiden Rohlinge sorgfältig aus.
Achten Sie darauf, dass die schraffierten Flächen von Teil B sorgfältig ausgeschnitten werden, denn diese Aussparungen geben die einzelnen Informationen preis. Heften Sie dann mit einer Musterbeutelklammer Teil B mittig auf Teil A. Abschließend können Sie die Drehscheibe lochen und in Ihren Ordner heften.

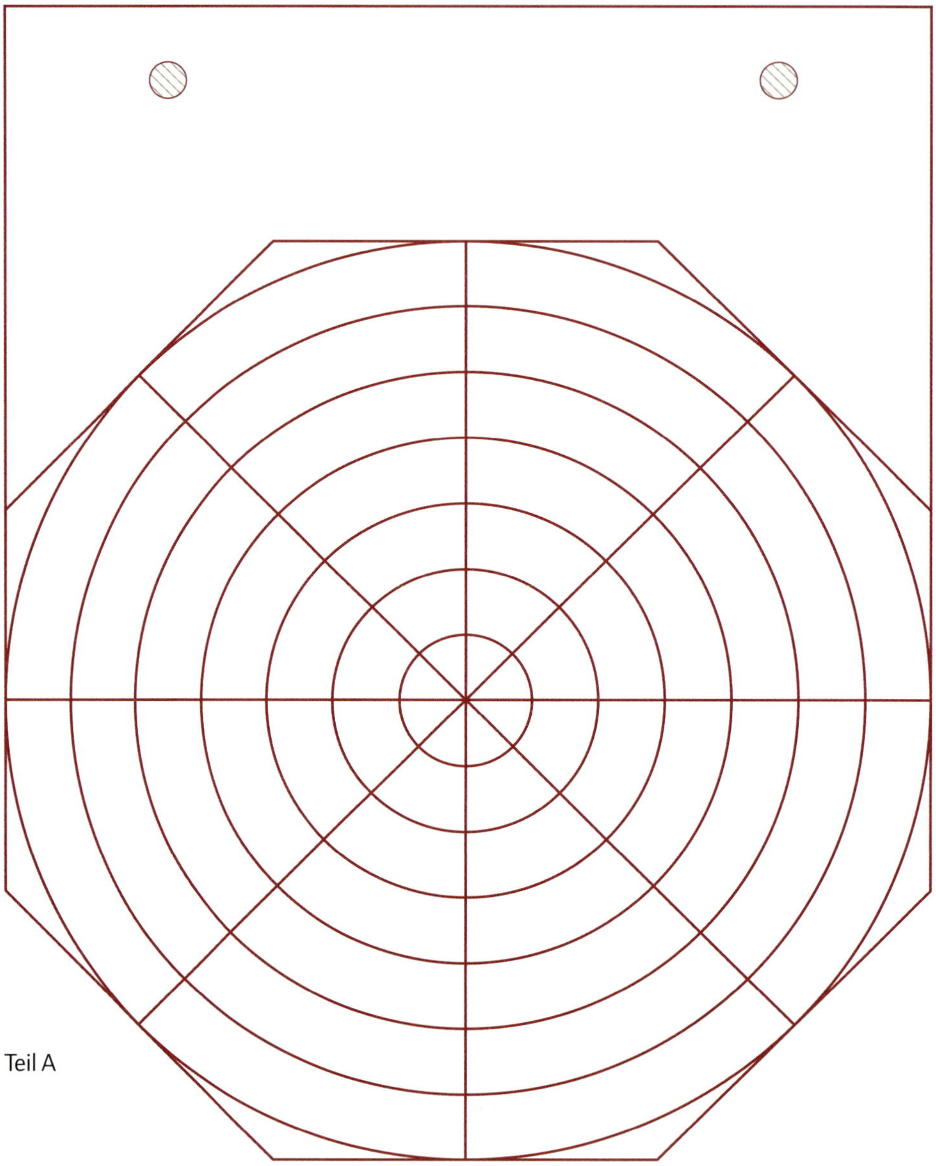

Teil A

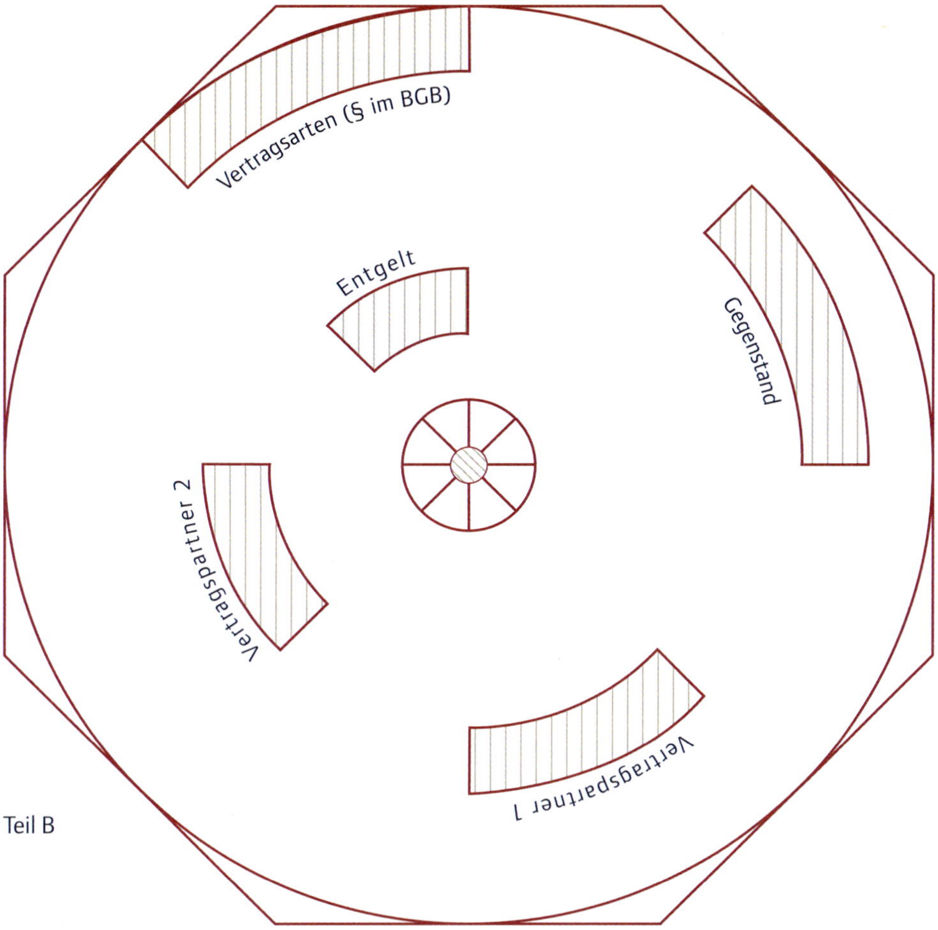

Teil B

Ausfüllanleitung:
Tragen Sie die im Folgenden gesuchten Begriffe in die dafür vorgesehenen Felder. Drehen Sie für jede Aufgabe die Drehscheibe ein Feld weiter. Es ist Ihnen freigestellt, an welcher Stelle Sie starten, doch die Reihenfolge der Vertragsarten wird wie folgt festgelegt.

Das BGB (Bürgerliches Gesetzbuch) finden Sie unter: www.gesetze-im-internet.de
→ Titelsuche
→ Suche nach „BGB"

a Die Vertragsart, die am häufigsten abgeschlossen wird, ist der ____________________. Er hat die Übergabe und Übereignung einer Sache zum Gegenstand und wird in § 433 BGB festgehalten. Sind sich die Vertragspartner __________________ und ______________ einig, bezahlt der ______________ den __________________ und erhält die Ware.

b Die Vertragsart, die nun im Uhrzeigersinn anknüpft, ist der ________________________________.
Er wird in § 607 ff des BGB geregelt und mit ihm wird meistens die Überlassung von Geld (oder Sachen) durch Banken assoziiert. Die Vertragspartner sind der ______________________ und der ________________________. Der ______________________ erhält vom ________________________ ein Entgelt (___________).

c Die Vertragsart, die sich nun anschließt, unterscheidet sich vom Mietvertrag dadurch, dass sie ______________________ ist: Der ___________________ wird in § 598 ff. geregelt und hat den ____________________________ zum Vertragsgegenstand. Die Vertragspartner sind ______________ und _________________.

d Die Vertragsart, die nun folgt, ist der ____________________, der in § 581 ff geregelt. Die beiden Vertragspartner sind der _______________ und der __________________. Er hat den ___________________ ___________________ und den Genuss der Früchte als Vertragsgegenstand. Als Entgelt wird ein _________________ gezahlt. Wichtig ist, dass der Fruchtlohn nicht gezahlt werden muss.

e Die Vertragsart danach ist vergleichbar mit der vorangegangenen, und wird in § 535 ff. geregelt: der ________________. Er hat den ______________________________ zum Vertragsgegenstand. Der ___________ verpflichtet sich, dem _______________ einen ______________ zu bezahlen.

f Die Vertragsart, die nun folgt wird in § 631 ff. geregelt. Der __________________ hat die ____ zum Vertragsgegenstand. Er unterscheidet sich vom Werklieferungsvertrag dadurch, dass das Produkt der Bestellung des ____________________ aus den Materialien des _______________ gefertigt wird. Ein gutes Beispiel ist der Friseur, der regelmäßig diesen Vertrag eingeht. Als Entgelt wird eine ________________ bezahlt.

g Die nun folgende Vertragsart ist die entscheidende in einer ärztlichen Praxis. Sie wird in § 611 ff. geregelt und unterscheidet sich zu der vorangegangenen in dem Punkt, dass der Erfolg nicht geschuldet wird: Der _________________________. Der Vertrag zählt zu den Dienst- bzw. Tätigkeitsverträgen und hat ___________________________ zum Vertragsgegenstand. Die Vertragspartner sind ___________________________________ und ___________________________________.
Als Entgelt erhält der Arzt eine ________________.

h Der letzte Vertrag ist der _______________________. Er hat die ______________________________ zum Vertragsgegenstand. Er wird in § 516 ff. geregelt und es handelt sich um einen einseitig verpflichtenden Vertrag, da nur der ______________ und nicht der _________________ eine Leistung erbringen muss, weshalb kein Entgelt anfällt, das heißt, die Leistung ist ________________.

9 Bastian unterhält sich in der Mittagspause mit seiner Kollegin Natalja über den Autokauf ihres Freundes. Der Verkäufer hat den Wagen als Neuwagen deklariert und ihr Freund bemerkte, dass das Auto bereits einen Unfall hatte. Natalja fragt sich, ob es rechtens ist, so etwas nicht anzugeben.

a Was sind die Grundsätze von nichtigen und anfechtbaren Rechtsgeschäften?

____

____

____

____

b In welchem Fall handelt es sich um ein anfechtbares oder ein nichtiges Rechtsgeschäft?

Rechtsgeschäft	Nichtig	Anfechtbar	Begründung
Herr Sänger verkauft betrunken seinen Neuwagen für 20,00 €.			
Der Chef erwischt Frau Maus beim Diebstahl und verlangt von ihr unbezahlten Urlaub als Gegenleistung.			
Der Kioskbesitzer verkauft Alkohol an die 13-jährige Lili.			

Rechtsgeschäft	Nichtig	Anfechtbar	Begründung
Frau Meier verkauft an Herrn Schmitz ihr Haus für 300 000,00 €. Im Kaufvertrag steht eine Kaufsumme von 240 000,00 €.			
Herr Lebert verkauft eine seiner Nieren.			
Die 4-jährige Trudi kauft eine Schachtel Pralinen für 10,00 €			
Der 16-jährige Justin kauft sich ein neues Smartphone.			
Die Auszubildende bestellt anstelle von 100 Kanülen 10 000.			
Herr Lustig verkauft Herrn Fuchs seinen Porsche für einen Euro.			
Ein Autohersteller verkauft ein bestimmtes Modell und verschweigt die Ergebnisse eines Tests, der beweist, dass das Auto in der Kurve umfällt.			
Frau Meier verkauft mündlich ihr Haus an ihren Nachbarn. Dieser gibt ihr das Geld bar.			

10 Was versteht man bei Kaufverträgen und vielen anderen Verträgen unter der Abschluss- und Gestaltungsfreiheit? Nennen Sie Beispiele, wo diese beiden Freiheiten nicht gelten.

Abschlussfreiheit: ____________________

____

____

____

____

Gestaltungsfreiheit: ____________________

____

____

____

Störungen in der Erfüllung des Kaufvertrags
→ OV S. 124–128

4 Störungen des Kaufvertrags

Die Renovierungsarbeiten in der Praxis von Dr. Dirk Germer sind umfangreicher als gedacht, sodass die Praxis eine Zeitlang schließen musste. Nun steht die Wiedereröffnung kurz bevor.

1 Dr. Dirk Germer hat die Rezeption der Firma Hägele bestellt (siehe S. 48) und die Auftragsbestätigung trifft am 15. 12. 24 ein. Am 30. 12. 24 geht es in der Praxis Dr. Germer Drunter und Drüber. Die alte Einrichtung ist am Vortag abmontiert worden. Die Lieferung der Rezeption sollte zum 30. 12. 24 fix erfolgen. Die neue Rezeption ist bis 31. 12. 24 nicht eingetroffen. Für den 02.01. ist die Praxiswiedereröffnung auch in der Presse und bei den Patienten angekündigt. Telefonanrufe bei der Hausner OHG können keine Klarheit bringen.

a Wie nennt man den vorliegenden Mangel im Kaufvertragsrecht?

b Welches Recht nimmt die Praxis Dr. Germer sinnvollerweise in Anspruch?

c Wie würde die Schadenersatzforderung der Praxis Dr. Germer aussehen?

d Entwerfen Sie (nur inhaltlich) einen Brief im Auftrag der Praxis Dr. Germer, in dem Sie die Ansprüche geltend machen.

2 Ergänzen Sie das Übersichtsschema für die Rechte des Käufers bei Vorliegen einer Nicht-Rechtzeitig-Lieferung (Lieferungsverzug): weiterhin auf Lieferung bestehen, Nachfristsetzung, Ersatz vergeblicher Aufwendung, Fixkäufe, Schadenersatz statt Leistung, Verkäufer gibt an, nicht liefern zu können, Rücktritt vom Vertrag, Schadenersatz wegen verspäteter Lieferung,

Rechte des Käufers:

sofort*	Nur mit angemessener
↓	↓
1.	3.
	oder
2.	4.
	und
	5.

*Ausnahme: ____________ oder ____

Wegen schwieriger Berechnung des ______________________ vereinbart man ___________________________.

3 Die pulmologische Facharztpraxis von Dr. Leyla Saglam möchte eine neue Software einführen. Auf Anraten des Anbieters wird ebenfalls neue Hardware angeschafft. Die neue Software mit Installation und Datenintegration inklusive Hardware wird zum Preis von 13 000,00 € gekauft. Die Lieferung durch den Paketdienst erfolgt pünktlich. Nachdem alle Geräte nach Beschreibung angeschlossen sind, startet der Rechner nicht. Die Hotline sieht sich außerstande, das Problem zu beheben. Es ist Freitagnachmittag, ein Technikerbesuch kann erst für Montagmorgen zugesagt werden. Die MFA Pia Köhler erklärt sich gegen Überstundenbezahlung bereit, am Freitagabend die notwendigen Aufzeichnungen per Hand zu fertigen. Der Techniker kommt erst Montag gegen 14:00 Uhr. Zwei Patienten mussten wegen der fehlenden Anbindung des Spirometers abgesagt werden. Die Chefin der Praxis möchte aufgrund des Ärgers vom Kaufvertrag zurücktreten und Schadensersatz erhalten (Überstundenvergütung der MFA und Ausgleich des Einnahmeausfalls durch Nichtbehandlungsmöglichkeit für zwei Patienten). Der Techniker stellt im Übrigen fest, dass die beigelegte Beschreibung fehlerhaft war. Die Anlage funktioniert jetzt.

a Welche Störung des Vertrags liegt vor?

b Welche Rechte kann die Praxis geltend machen?

4 Der Arzt Kai Molck kauft für seine Praxis in einem Einrichtungshaus einen neuen Tisch für den Pausenraum. Gemäß Vertrag soll der Tisch am 15. Oktober geliefert werden (Fixkauf). Tatsächlich steht die Transportfirma schon am 14. Oktober vor der Tür. An diesem Tag ist jedoch der Arzt bereits außer Haus und niemand kann den Tisch entgegennehmen. Befindet sich die Arztpraxis in Annahmeverzug? Begründen Sie Ihre Antwort.

5 Die MFA Yasmine Gentner kauft für die Praxis eine besonders originelle Lampe für das Praxisjubiläum im Garten. Leider weiß niemand so recht, wie die Lampe funktionieren soll. Schauen Sie sich die Bedienungsanleitung an und schlagen Sie vor, wie man mit der Kaufsache umgehen soll.

Die Hologenfackelslampe

Merkmale: Alle Drähte der Lampe sind schon fertig miteinander Angeschlossen: Beim Auspacken muss man sehr vorsichtige sein dass die Drahte der Lampe nicht auseinander ziehen. Damit wird das schlechtigen Drähtenansnschliessen vermeiden. Beim Auspacken und Teilwechseln bitte auf die weichen Oberfläche liegen lassen.
Zuerst sehten sie die Glühbirne auf die Lampenfassung des Reflektors #1. Dann machen sie das Sicherheitsglass der Lampe zu. (Klemmen die Klammern von beiden seiten des Glases)
Beachtung: Weder die Glühbirne noch das speziali-che Glas nicht mt dem Hand berühren darf. Sonst werden das Glas oder Lampenleben verkürzt oder kaput. (bei der Reinigung muss man darauf warten bis die Glühbirne ganz kalt ist, Dann wird dem weichenen, trockenen Lappen mit dem Alkohol geputzt.) Danach die Glühbirne rechtig aufsetzen zu bestimmen.
Schrauben Sie die Stange #3 in den Reflektor #2 ein und fest machen.
Schrauben Sie die Stange #4 in die Stange#3 und fest machen
Bitte wiederholen sie die Phase 4 (Schrauben Sie die Stange #5 in Die Stange #4 und fest machen Schrauben Sie der Lampensockel #6 in die Stange #5 ein und fest machen

Vorsichtig:
Stellen Sie bitte die Lampe nicht in der nahe von dem Brennmaterial auf
Diese 300 Watt Halogenlampe hat sehr hohe Temperature. Wenn die Lampe leucht. Bitte in allen Fälle die Lampe oder den Reflektor nicht berühren darf.
Beim Birnenwechsel:
Zuerst schalten sie die Lampe aus.(Ziehen Sei den Netzstecker aus der Steckdose .) Wenn Sie ganz kalt ist. Dann wechseln sie die Glühbirne.
Bitte keine Erschütterung die leuchtige Lampe Anzugeben, Sonst wird die Lampe zerschmettern.
Wenn die Glühbirne ein Lampe voll ein für zwei Stunden. (Wenn Sie kein lärm hat.)

6 Bei Kaufverträgen über größere Anschaffungen wählt man häufig eine schriftliche Abfassung, um Ungenauigkeiten zu vermeiden. Klären Sie anhand des abgebildeten Kaufvertrags die folgenden Fragen.

KAUFVERTRAG

Zwischen Dr. W. Wunderlich, Mozartstr. 429, 79100 Freiburg, (Käufer) und dem Großhändler Rinke, Wiesenallee 2, 09125 Chemnitz, (Verkäufer) wird folgender Kaufvertrag geschlossen:

§ 1 Kaufsache
Der Verkäufer verkauft dem Käufer zwei ärztliche Operationseinheiten mit Ergänzungen laut Angebot vom 02. 04. 24 mit beiliegenden Prospekten.

§ 2 Preise, Zahlungsbedingungen
Für jede Einheit gilt ein Preis von 45 690,00 € ohne Mehrwertsteuer als vereinbart. Bei Bezahlung bis 10 Tage nach Lieferung werden 2 % Skonto gewährt.

§ 3 Transport, Verpackung
Der Preis versteht sich ab Großhändler. Für die Zufuhr werden 400,00 € pro Einheit berechnet. Die Verpackungskosten betragen 250,00 € für jede Einheit.

§ 4 Lieferung
Die erste Einheit muss zum 08.06.24 fix geliefert werden. Die zweite Einheit wird nach Abruf des Käufers bis spätestens 30.06.24 geliefert. Bei Lieferungsverzug wird für jeden Verzugstag eine Schadensersatzzahlung von 1000,00 € fällig.

§ 5 Erfüllungsort und Gerichtsstand
Erfüllungsort und Gerichtsstand für beide Teile ist Chemnitz.

§ 6 Eigentumsvorbehalt
Bis zur vollständigen Bezahlung bleiben die Einheiten im Eigentum des Verkäufers.

§ 7 Allgemeine Geschäftsbedingungen
Es gelten die in den Räumen des Verkäufers aushängenden allgemeinen Geschäftsbedingungen.

Chemnitz, 14. 04. 24

Dr. W. Wunderlich	Rinke
(Käufer)	(Verkäufer)

a Wie viel muss die Praxis für eine gelieferte Einheit bezahlen?

---

b Um wie viel und unter welchen Voraussetzungen kann der Kaufpreis gemindert werden?

---

c Die Einheit funktioniert nicht einwandfrei. Welche Rechte hat der Käufer und welches Recht wird er wahrscheinlich in Anspruch nehmen?

---

d Was bedeutet die Lieferungsfrist 08. 06. 2024 fix und weshalb ist diese so vereinbart?

---

e Die erste Einheit wird eine Woche zu spät geliefert. Welche Konsequenzen können sich ergeben?

f Wie müsste die Bestimmung heißen, wenn der Verkäufer die Transportkosten übernehmen würde?

g Wegen eines Mangels verklagt der Käufer den Verkäufer. Bei welchem Gericht wird die Klage verhandelt?

h Erklären Sie den § 6 des Kaufvertrags.

i Es kommt zum Streit darüber, ob die OP-Lampe zur Einheit gehört oder ob sie separat zu zahlen ist. Mit welchen Belegen lässt sich das klären?

j Aufgrund einer Störung beim Provider der Arztpraxis kann die Onlinezahlung erst nach zwölf Tagen erfolgen. Kann dennoch Skonto abgezogen werden?

k Nennen Sie die AGB, die für den Kaufvertrag gelten.

l Aufgrund eines gerichtlichen Vergleichs zahlt die Praxis Dr. Wunderlich letztendlich 3400,00 € weniger als im Kaufvertrag genannt. Führen Sie alle Belege auf, die mit diesem Kauf zusammenhängen und aufbewahrt werden müssen.

7 Für viele Kaufverträge wollen Verkäufer Allgemeine Geschäftsbedingungen gelten lassen, die sie im sogenannten Kleingedruckten den Verträgen beifügen. Dies soll den Geschäftsverkehr erleichtern helfen.

Sie brauchen nur noch zu unterschreiben...
das Kleingedruckte befindet sich hinter mir!

a Auf welche gesetzliche Bestimmung weist die Karikatur hin?

____

____

b Nennen Sie drei wesentliche Bestimmungen für Gültigkeit von Allgemeinen Geschäftsbedingungen.

1. ______________________________

2. ______________________________

3. ______________________________

8 Können folgende Formulierungen in den AGB eines Kaufvertrags auf der Rückseite aufgenommen werden? Kreuzen Sie an.

	Ja	Nein
Diese Allgemeinen Geschäftsbedingungen gelten auch, wenn der Käufer nicht darauf aufmerksam gemacht worden ist.		
Bei mangelhafter Lieferung muss dem Verkäufer zunächst das Recht zur Nachbesserung eingeräumt werden. Nach zweimaliger Nachbesserung können die weiteren Rechte in Anspruch genommen werden.		
Erfolgt eine Lieferung nicht zu dem umseitig genannten Termin, so kann der Besteller nach Ablauf von drei Monaten der Firma eine Nachfrist von vier Wochen setzen. Danach kann er vom Vertrag zurücktreten.		
Ein 5%ige Preiserhöhung ist möglich, wenn zwischen Bestellzeitpunkt und Lieferung mehr als vier Wochen liegen.		
Die Ware bleibt bis zur vollständigen Bezahlung Eigentum des Verkäufers.		
Bei Zahlungsverzug gelten als Zinssatz 5 % über dem Basiszinssatz der EZB als vereinbart.		

9 Häufig wird bei Kaufverträgen auf die besonderen Garantiebedingungen verwiesen. Schauen Sie sich die folgende Garantiebestimmung an.

Garantiebestimmungen

Liebe Kundin, lieber Kunde,

für das von Ihnen bei uns (Aldora GmbH, Hauptstr. 333, 79100 Freiburg) erworbene Produkt bieten wir eine Herstellergarantie der Ostram AG, (Hernestr. 40, 52899 Köln) an.

Garantiezeit: 3 Jahre

Garantieumfang: Erstattung des Kaufpreises innerhalb der ersten 8 Wochen ab Kaufdatum oder kostenlose Reparatur bzw. kostenfreier Austausch (nach unserer Wahl)

Die Garantieleistungen erfolgen durch unser Servicecenter unter Telefon 0621 78577 (Mo bis Fr 08:00 bis 20:00 Uhr).

Wenden Sie sich an das obige Servicecenter telefonisch oder per Mail (service@aldora.corn). Das geschulte Personal des Servicecenters hilft Ihnen bei eventuellen Bedienungsfehlern gerne weiter.

Um die Garantie in Anspruch zu nehmen, nehmen Sie per Mail oder telefonisch Kontakt mit dem Servicecenter auf. Hier kümmert man sich um Ihr Anliegen und informiert Sie über die weitere-Vorgehensweise.

Die Garantie gilt ausschließlich für Material- und Fabrikationsfehler des Produkts. Sie gilt nicht bei:

- **Schäden durch Blitz, Wasser, Feuer, Frost, Unfall, Transport, ausgelaufene Batterien**
- **Beschädigung oder Veränderung des Produkts durch den Kunden oder Dritte**
- **Missachtung der Sicherheits- und Wartungsvorschriften**
- **normaler Abnutzung**
- **gewerblichem Gebrauch des Produkts**
- **Bedienungsfehlern**

Das Servicecenter, bzw. der Hersteller übernehmen keine Haftung für eventuell auf dem Produkt gespeicherte Daten oder Einstellungen.

Die Garantiezeit auch für reparierte oder ausgetauschte Teile wird durch die gesetzliche Gewährleistung nicht verlängert. Mit Reparatur und Austausch des Produktes beginnt kein neuer Garantiezeitraum.

Nach Ablauf der Garantiezeit haben Sie weiterhin die Möglichkeit , Reparaturen kostenpflichtig durch das Servicecenter durchführen zu lassen.

a Wie unterscheiden sich Garantie und Gewährleistung?

____

____

b Was ist von der Garantie ausgenommen?

____

____

c Wer übernimmt die Garantie?

____

5 Geld, Währung, Zahlung

Umgang mit Geld
→ OV S. 132–134
Aktuelle Zahlungsmöglichkeiten
→ OV S. 135–140

Bargeld spielt in der heutigen Welt nur noch eine geringe Rolle. Auch in Arztpraxen wird nur selten mit Bargeld bezahlt. Die Praxis von Dr. Klaus Weingart soll nun aufgrund zahlreicher Patientenanfragen ihr Spektrum an Zahlungsmöglichkeiten erweitern.

1 Klaus Weingart möchte auf jeden Fall die Möglichkeit der Onlinezahlung für seine Patienten anbieten. Er beauftragt den MFA Mika, die nötigen Informationen zu sammeln und bei der nächsten Teambesprechung vorzustellen. Bei der Präsentation sollen auch die skeptischen Kollegen von den Vorteilen dieser Zahlungsart überzeugt werden.

a Was versteht man unter Onlinezahlung in der Praxis?

___

___

___

b Weshalb möchte die Praxis diese Zahlungsart anbieten?

___

___

c Was benötigt die Praxis für die Einrichtung dieser Zahlungsart?

___

d Ist die Annahme von Kreditkarten in der Arztpraxis eine Alternative hierzu?

___

___

e Welchen Vorschlag zur Bezahlung bzw. Abwicklung von Liquidationen können Sie machen, damit die Praxis das Geld sehr schnell und ohne Risiko erhält?

___

___

2 Nachdem sich Mika so intensiv mit dem Thema befasst hat, fällt auf, dass kleinere Transaktionen auf dem Wochenmarkt, beim Bäcker oder im Blumenladen noch häufig mit Bargeld bezahlt werden.

a Wann wäre es nach Ihrer Meinung möglich, ganz auf Bargeld zu verzichten?

___

___

___

___

b Welche Vor- bzw. Nachteile ergäben sich hieraus?

Vorteile: ____

____

Nachteile: ____

____

3 Ordnen Sie die folgenden Wörter in den Lückentext ein: D-Mark, Dollar, egal, Euro, Forint, kaufen, Krone, Lei, Löhne, mehr, Pfund, Preise, Preisen, Reallohn, sinkt, Wert, Wert, Yuan

Eigentlich ist es völlig __________, wie Geld oder eine Währung heißt. Ob Muscheln, Schekel, __________ in USA, __________ in China, __________ in Norwegen oder __________ früher in Deutschland. Wichtig ist allein, was man sich dafür __________ kann. Das macht den __________ des Geldes aus. Das richtet sich wiederum nach den __________ der Waren. Steigen diese stärker an, __________ der __________ des Geldes. Wenn allerdings die __________ stärker steigen als die __________ der Waren, kann dies auch dazu führen, dass man sich __________ Waren für sein Geld kaufen kann. Man spricht dann von __________-Steigerung. In Europa hat man eine Hauptwährung, den __________. Daneben existieren noch weitere Währungen wie zum Beispiel: __________, __________ oder __________.

4 Müssen Sie in der Praxis die folgenden Zahlungsmöglichkeiten eines Patienten annehmen?

Zahlungswunsch	Ja	Nein
Patient will mit Scheck bezahlen.		
Patient will mit Bargeld bezahlen.		
Patient will mit Kreditkarte bezahlen.		
Patient will mit 1- und 5-Cent-Geldstücken bezahlen		
Patient möchte das Lastschriftangebot der Praxis wahrnehmen.		

5 Die Praxis von Dr. Klaus Weingart muss noch die Gesamtlaborrechnung in Höhe von 1503,26 € für das Labor Dr. Walter Gebauke, Frankfurt, Südend 4, bezahlen. Die Überweisung soll auf das Konto bei der Kommerzialbank 60005 Frankfurt, IBAN: DE 27 9003 0000 0464 8774 00 erfolgen. Überweisungszweck: RgNr. 30098/20121.

a Muss ein BIC angegeben werden? Begründen Sie Ihre Antwort.

____

b Wie baut sich die IBAN auf?

____

____

____

c Bereiten Sie die Überweisung auf einem Überweisungsformular unterschriftsfertig vor. Verwenden Sie Praxisdaten und ein Konto Ihrer Wahl.

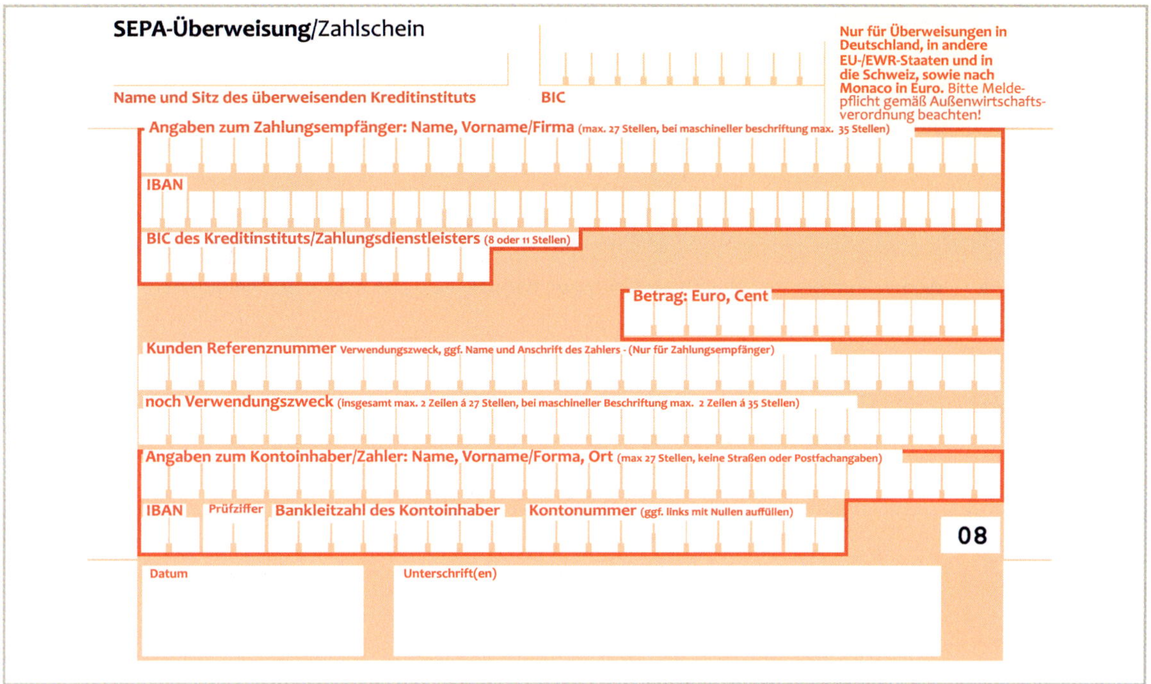
SEPA-Überweisung/Zahlschein

Name und Sitz des überweisenden Kreditinstituts

BIC

Nur für Überweisungen in Deutschland, in andere EU-/EWR-Staaten und in die Schweiz, sowie nach Monaco in Euro. Bitte Meldepflicht gemäß Außenwirtschaftsverordnung beachten!

Angaben zum Zahlungsempfänger: Name, Vorname/Firma (max. 27 Stellen, bei maschineller beschriftung max. 35 Stellen)

IBAN

BIC des Kreditinstituts/Zahlungsdienstleisters (8 oder 11 Stellen)

Betrag: Euro, Cent

Kunden Referenznummer Verwendungszweck, ggf. Name und Anschrift des Zahlers - (Nur für Zahlungsempfänger)

noch Verwendungszweck (insgesamt max. 2 Zeilen á 27 Stellen, bei maschineller Beschriftung max. 2 Zeilen á 35 Stellen)

Angaben zum Kontoinhaber/Zahler: Name, Vorname/Forma, Ort (max 27 Stellen, keine Straßen oder Postfachangaben)

IBAN Prüfziffer Bankleitzahl des Kontoinhaber Kontonummer (ggf. links mit Nullen auffüllen)

08

Datum

Unterschrift(en)

6 Für die Bezahlung werden immer neuere Formen der „Multifunktionskarten" entwickelt (z. B. Mitgliedsausweis mit Kreditkartenfunktion, Rabattkarten mit Zahlungsfunktion).

a Nennen Sie Ihnen bekannte Multifunktionskarten.

___

___

___

b Welche Multifunktionskarte wünschen Sie sich?

___

___

c Wo sind Handyzahlungen möglich?

___

d Welche Vorteile bieten Bezahldienstunternehmen?

___

___

___

Rechnungsstellung und Überwachung der Zahlungsvorgänge
→ OV S. 141–144

Belege in der Arztpraxis
→ OV S. 146–147

6 Rechnungstellung, Überwachung und Belege in der Arztpraxis

Anfang jeder Woche kümmert sich in der Praxis von Dr. Ole Wernig die MFA Julia Carstens um die Rechnungen der vergangenen Woche. Sie erstellt die Liquidationen und überwacht den Ein- und Ausgang von Rechnungen und die Bezahlung.

1 Bei der Erstellung von Liquidationen muss Julia auf einige Besonderheiten achten.

a Wodurch unterscheiden sich ärztliche Liquidationen von „normalen" Rechnungen?

b Wann wird eine ärztliche Liquidation zur Zahlung fällig?

c Wann gerät ein Patient, der eine Liquidation erhalten hat, in Zahlungsverzug?

d Wie kann überwacht werden, ob Liquidationen bezahlt worden sind?

e Wann gerät ein Patient in Zahlungsverzug, wenn auf der Liquidation unten lediglich steht „Bezahlung bitte in drei Wochen".

2 Da die Erstellung und Überwachung der Liquidationen für die Praxis sehr zeit- und personalaufwändig ist, überlegt Dr. Wernig, ob man die Liquidationserstellung von einem Factoring-Unternehmen abwickeln lässt.

a Welche Voraussetzungen sind dafür nötig?

b Anhand der folgenden Zahlen soll überprüft werden, ob sich Factoring für die Praxis von Dr. Wernig auch finanziell lohnt. Der Factor übernimmt das Ausfallrisiko und überweist den Liquidationsbetrag sofort nach Überstellung.

Abrechnungsvolumen:	123 500,00 €/Jahr
Liquidationen:	1300 Stück/Jahr
Durchschnittlicher Liquidationsbetrag:	95,00 €/Liquidation

Berechnen Sie die Kosten. Welche Art der Abrechnung ist günstiger?

Kosten der Praxis	in €	Kosten des Factors	in €
Personalkosten (3 %*)		Grundgebühr (2,7 %*)	
Portokosten (0,80 € pro Liquidation)		Bearbeitungsgebühr (2,- € je Liquidation)	
Materialkosten (Papier + Druckerkosten anteilig/Jahr)	130,–	Portokosten (0,95 € je Liquidation)	
Bankgebühren (anteilig)	120,–		
Ausfallrisiko (1,4 %*)			
Zinsnachteil für 45 Tage, geschätzt.	250,00		
Kosten insgesamt			

* Prozent vom Liquidationsbetrag

Die Bearbeitung und Überwachung in der Praxis sind günstiger.

c Wie würden Sie sich nach Beantwortung der Aufgaben a und b entscheiden?

____

____

____

____

____

____

d Vergleichen Sie: Welche Belege fallen in der Praxis an, wenn die Liquidationsabrechnung von der Praxis bzw. vom Factor übernommen wird.

Praxis	Factor

3 In der Praxis von Dr. Ole Wernig müssen auch die Ausgaben korrekt verbucht werden. Worauf muss steuerlich geachtet werden, wenn folgende Käufe für die Arztpraxis getätigt werden (Belege und Aufzeichnung)?

a Blumen für das Wartezimmer für 55,00 €

b Laserdrucker im Sonderangebot für 500,00 €

c Röntgengerät zum Preis von 6000,- € (inkl. MwSt.)

d Zeitschriften für das Wartezimmer für 30,- €

4 Die Mehrwert- oder Umsatzsteuer spielt in den Arztpraxen normalerweise keine große Rolle.

a Weshalb wird auf Rechnungen von Humanmedizinern keine Umsatzsteuer (Mehrwertsteuer) ausgewiesen?

b Warum darf (muss) der Tierarzt im Gegensatz zum z. B. Facharzt für Allgemeinmedizin für seine Leistungen 19 % Mehrwertsteuer erheben?

LF 7 Praxisabläufe im Team organisieren

Themenschwerpunkte:
- Qualitätsmanagement: Methoden und Instrumente, Organisationshilfen, Beschwerdemanagement
- Terminmanagement: Bestellsysteme, Störfaktoren
- Fernkommunikation: Brief- und Schriftverkehr, Schriftgutablage, Telekommunikation, Internet

1 Qualitätsmanagement und Terminierung

Qualitätsmanagement
→ OV S. 152–161
Terminmanagement
→ OV S. 162–166

Die Kinderarztpraxis von Dr. Daniela Herbst ist immer gut besucht, da sie die einzige pädiatrische Praxis im Umkreis von 30 Kilometern betreibt. Daniela Herbst und ihr Praxisteam aus drei Medizinischen Fachangestellten sind bei den Kindern sehr beliebt, aber von den Eltern kommen immer wieder Beschwerden.

1 Als Heinke Maurer die kleine Lara zur Untersuchung ins Sprechzimmer bringen will, drückt ihr diese ein Bild in die Hand, das sie während der Wartezeit gemalt hat.

Anmerkung: Sie können für die Bearbeitung der Aufgaben auch ein Bild von einem Kind aus Ihrer Ausbildungspraxis nutzen. Aus Kinderzeichnungen kann man oft etwas über die Praxis erfahren.

a Was ist auf dem Bild zu sehen?

____

____

b Wer oder was ist (relativ) groß dargestellt?

____

____

c Wer oder was ist bunt dargestellt und warum?

d Wer oder was ist sehr anschaulich dargestellt?

e Wer oder was ist eher bedrohlich dargestellt?

f Wirkt das ganze Bild eher fröhlich oder eher ängstlich?

g Können Sie aus dem Bild Erkenntnisse für das Praxismarketing ziehen?

2 Daniela Herbst hat in letzter Zeit von einigen Eltern die Rückmeldung bekommen, dass die Qualität in ihrer Praxis schlechter geworden ist. Sie bespricht das bei einem Treffen zum Abendessen mit einer befreundeten Kollegin. Auf die Frage nach ein paar Tipps zur Lösung ihres Problems bekommt Daniela Herbst nur die Antwort „Bloß ein paar Tipps werden dir nicht weiterhelfen, Qualität ist eine Denkweise."

a Erläutern Sie Satz „Qualität ist eine Denkweise"

b Definieren Sie Qualität für eine Arztpraxis.

c Definieren Sie Qualität für eine Berufsschule.

d Entwerfen Sie Vorschläge zur Erfassung des Klassenklimas in Ihrer Berufsschule. Können Sie daraus Erkenntnisse für die Analyse des Klimas in Ihrer Ausbildungspraxis gewinnen?

3 Seit längerer Zeit ist ein Qualitätsmanagement (QM) für Arztpraxen vorgeschrieben. Ihre Chefin bittet sie, einige Grundfragen zum QM-System mithilfe des Internets zu klären.

a Wodurch ist das QM geregelt? Wer ist für diese Regelung zuständig?

Die Qualitätsmanagement-Richtlinien finden Sie unter: www.g-ba.de
→ Richtlinien
→ Qualitätsmanagement-Richtlinie

b Durch wen wird das QM kontrolliert?

____

____

c Gibt es Vorschriften, welche Regelungen das QM-System genau enthalten muss?

____

____

____

____

____

____

d Was passiert, wenn eine Arztpraxis kein QM-System installiert?

____

____

____

____

e Suchen Sie die neueste Regelung aus der Richtlinie.

____

____

____

____

4 Angeregt durch das Gespräch beim Abendessen, recherchiert Daniela Herbst genaueres zum Thema QM. Dabei stößt sie immer wieder auf die Begriffe Strukturqualität, Prozessqualität und Ergebnisqualität.

a Beschreiben Sie drei Bereiche, um die Strukturqualität einer Arztpraxis aufzuzeigen.

____

____

____

____

b Nennen Sie drei Beispiele, die die Prozessqualität einer Arztpraxis kennzeichnen.

c Unterscheiden Sie zwischen objektiver und subjektiver Ergebnisqualität.

d Die PDCA-Methode ist ein wesentlicher Bestandteil des Qualitätsmanagements. Wofür steht das Kürzel PDCA? Nennen Sie jeweils ein Beispiel.

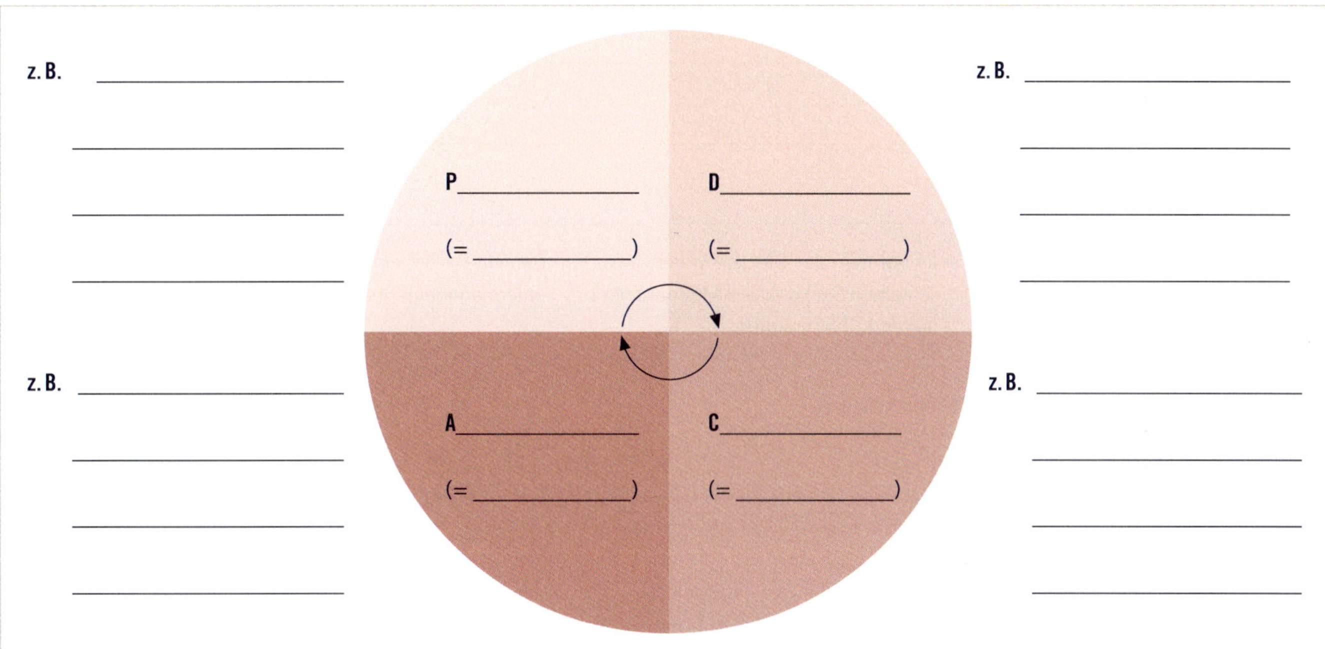

e Ein weiterer wichtiger Bestandteil des QM sind Checklisten. Nennen Sie vier Bereiche in der Arztpraxis, wo sich Checklisten sinnvoll einsetzen lassen.

f Nennen Sie drei Vorteile und drei Nachteile von Checklisten.

Vorteile	Nachteile

g Auch Teambesprechungen gehören zu einem guten QM-System. Nennen Sie vier Aufgaben einer Teamsitzungsleiterin.

h Wer soll an Teambesprechungen teilnehmen?

i Nennen Sie vier Regeln, die für Teamsitzungen wichtig sind.

j Im Rahmen des QM soll in der Praxis von Daniela Herbst ein Fehlermanagement eingeführt werden. Beschreiben Sie konkrete Maßnahmen des Fehlermanagements in einer Arztpraxis am Beispiel eines defekten Kühlschrankes.

Fehlererkennung:

Fehlerdiagnose:

Fehlerkorrektur:

Fehlerprävention:

k Erklären sie, was man unter einer „offenen Fehlerkultur" versteht.

l Da eine der MFA von Daniela Herbst demnächst in Rente geht, wird eine Nachfolgerin gesucht. Geben Sie drei Maßnahmen an, die der neuen Mitarbeiterin den Einstieg in die Praxis erleichtert.

____

____

____

m Nennen Sie drei Arten von Dokumenten, die in einem QM-Dokumentationsbuch enthalten sein sollten.

____

____

n Einige Patienten haben gegenüber Daniela Herbst Kritik an der Praxisorganisation geäußert. Daher soll eine Patientenbefragung durchgeführt werden soll. Formulieren Sie fünf Fragen für einen Patientenfragebogen.

1. ______________________________
2. ______________________________
3. ______________________________
4. ______________________________
5. ______________________________

o Warum eignen sich offene Fragen nicht für einen Patientenfragebogen? Erläutern Sie Ihre Antwort.

____

____

____

5 An einem Montagvormittag stürmt Herr Kowalski mit seinem vierjährigen Sohn Leon auf dem Arm zu Heinke Maurer an den Empfangstresen. „Wann geht das hier denn endlich weiter“, schimpft er, „wir sitzen hier jetzt schon über einer Stunde obwohl wir einen Termin haben. Mein Sohn quengelt auch schon die ganze Zeit, dass ihm langweilig ist und er wieder nach Hause möchte.“

a Beschreiben Sie vier Grundsätze eines die Wartezeiten verkürzenden Zeitmanagements.

____

____

____

b Finden Sie je einen Vor- und einen Nachteil für Patient und Praxis zu den Terminsystemen in der Tabelle.

	Offene Sprechstunde	Terminsprechstunde
Vorteil für die Praxis		
Vorteil für den Patienten		
Nachteil für die Praxis		
Nachteil für den Patienten		

c Nennen Sie drei „Störfaktoren" einer Terminsprechstunde und erläutern Sie, wie Sie damit umgehen.

Störfaktor	Wie damit umgehen?

6 Frau Dr. Herbst möchte kürzertreten und nur noch eine Terminsprechstunde anbieten. Sie muss ihre Patienten auf die Umstellung von der offenen zur Terminsprechstunde informieren.

a Auf welche Art kann sie ihre Patienten informieren?

____

____

b Wie könnte der Text lauten, mit dem sie darauf hinweist? Erstellen Sie eine kurze Mitteilung an die Patienten.

____

____

____

____

____

____

____

2 Fernkommunikation und Schriftgut

Fernkommunikation
→ OV S. 66, S. 169–186

Die Fernkommunikation spielt in den Arztpraxen eine immer wichtigere Rolle, wie auch die neuen Gebührenziffern für Videokonferenzen und Telekonsile zeigen. In der Praxis für Allgemeinmedizin von Dr. Selma Schneider sind verschiedene Situationen zu meistern.

1 Selma Schneider muss überraschend in der nächsten Woche für drei Tage in die Klinik zu einer dringenden Operation. Es sind in diesem Zeitraum ca. 40 Patienten einbestellt.

a Welche organisatorischen Arbeiten sind zu erledigen?

b Wie können die Patienten verständigt werden? Nennen Sie auch Alternativen.

c Welche Möglichkeiten für die Verständigung der Patienten bietet die Deutsche Post AG?

d Wie wird in der Ausfallzeit die Praxisbesetzung geregelt?

e Wie wird mit Patienten umgegangen, die als Schmerzfälle in der Praxis erscheinen?

f Welche Regelungen sind erforderlich, damit die ganze Praxispost in dieser Zeit von den MFA geöffnet werden kann?

g Selma Schneider möchte über alle Telefongespräche, die in der Ausfallzeit in der Praxis eingehen, kurz informiert werden. Entwerfen Sie hierzu einen Telefonnotizzettel für die Praxis.

Telefonnotizzettel Praxis Dr. S. Schneider

2 Selma Schneider meint, dass das Frankieren mit Briefmarken, die man immer bei der Post holen muss, antiquiert sei. Es gibt aber Alternativen zu den „klassischen" Briefmarken. Nennen sie jeweils einen Vor- und einen Nachteil.

Briefmarken aus der Postfiliale		Internetmarke		Frankiermaschine	
Vorteil	Nachteil	Vorteil	Nachteil	Vorteil	Nachteil

3 Da es bei der Bearbeitung der Ausgangspost wiederholt zu Unstimmigkeiten gekommen ist, bittet Dr. Selma Schneider ihre langjährige MFA Gerda Jarzynska, eine Checkliste in Form eines Ablaufdiagramms für diese Situation zu entwerfen. Es sollen nur noch Fensterbriefumschläge DL (DIN lang) verwendet werden.

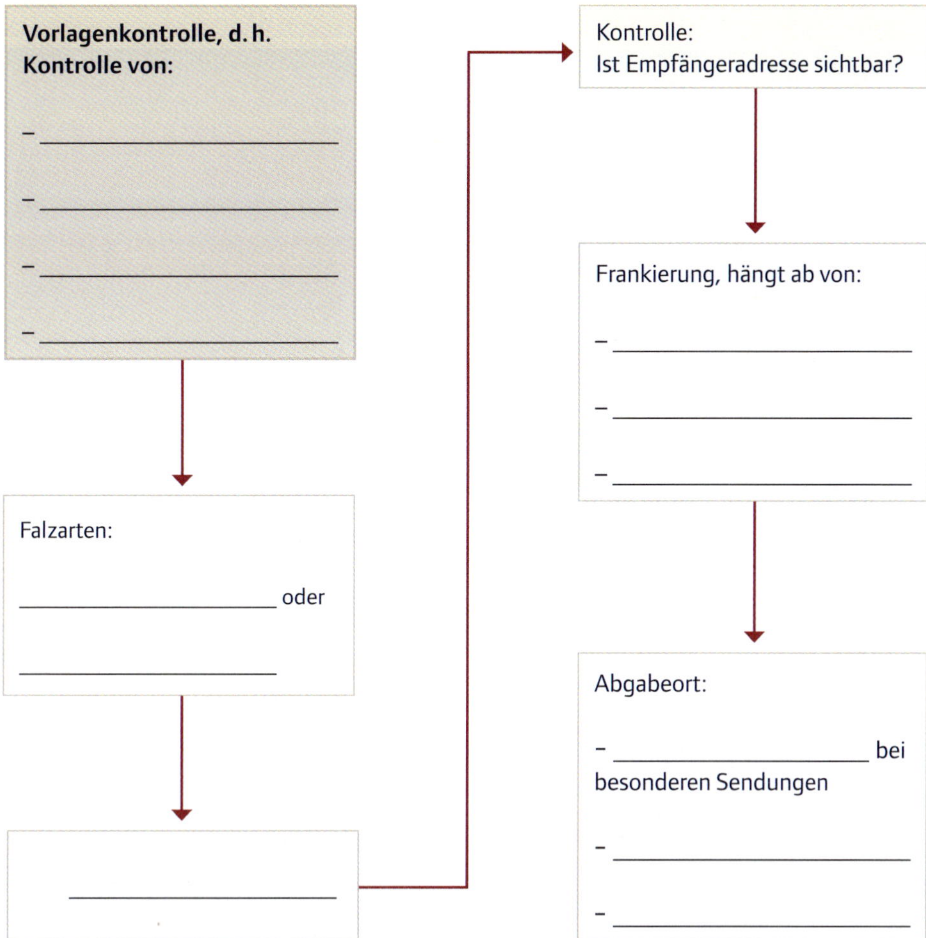

4 In der Praxis Dr. Schneider soll die gesamte schriftliche Kommunikation mit Patienten, Laboren, anderen Ärzten, Apotheken, Lieferanten und anderen Geschäftspartnern auf einer neuen und gesicherten Basis erfolgen. Folgende Bedingungen sollen erfüllt sein:

- alle Schriftstücke werden gleichzeitig geordnet archiviert
- papierloses Arbeiten
- gesicherter Zugang
- Kommunikation zu einem günstigen Preis
- schnelle Kommunikation
- bessere Kontrolle des Schriftverkehrs

a Welche Möglichkeiten sehen Sie hierfür grundsätzlich?

b Welche Voraussetzungen müssen erfüllt sein, damit das möglich ist?

c Die Auszubildenden in der Praxis sollen sich während der Abwesenheit von Frau Dr. Schneider mit der Praxistelefonanlage vertraut machen. Erklären Sie die folgenden Begriffe.

Anrufweiterschaltung	
Lauthören	
Durchwahlnummer	
Rückruf bei Besetzt	

5 Die Praxis von Dr. Selma Schneider ist in der Mittagspause nicht besetzt. Es soll ein automatischer Anrufbeantworter angeschlossen werden.

a Welchen Anrufbeantworter-Typ schlagen Sie vor?

b Besprechen Sie ein 15-Sekunden-Band mit dem gewünschten Text (Uhr bereithalten).

6 Welcher Kommunikationsweg wäre in den folgenden Fällen sinnvoll?

a Eine Zeichnung mit dem Lageplan der Arztpraxis sollte schnell an einen Großhändler gesendet werden.

b Für einen Vortrag benötigt Selma Schneider noch einige medizinische Fakten.

c Der Termin des nächsten Ärztekongresses zum Thema Diabetes mellitus soll ermittelt werden.

d Ein Hotelzimmer in Zürich muss gebucht werden.

e Eine Mitarbeiterin des Großlabors hat den Behälter mit den Blutproben stehen gelassen.

f Eine Überweisung soll noch heute nach Bankschluss erfolgen.

7 Täglich erreichen die Praxis von Dr. Selma Schneider Schriftstücke aller Art, deren Aufbewahrung oft Fragen aufwirft.

a Nennen Sie drei Wertstufen für täglich eintreffendes Schriftgut.

b Wie lange müssen folgende Schriftstücke aufbewahrt werden?

Schriftstück	Aufbewahrungszeit
AU-Durchschriften (auch eAU)	
Angebote	
Kassenbücher	
Belege	
Durchschriften der Betäubungsmittelrezepte	
Aufzeichnung über eine Röntgenaufnahme*	
Prospekt über neues Arzneimittel	
Durchschrift des Berichtsvordrucks über eine Untersuchung nach dem Jugendarbeitsschutzgesetz	
Karteikarte eines verstorbenen Patienten	
E-Mail eines Arztbriefes	

*bei Minderjährigen beginnt die Aufbewahrungsfrist erst mit der Vollendung des ________ Lebensjahrs.

c Trotz Verlagerung der Archivierung in das elektronischen Dokumentenmanagement werden viele Schriftstücke in Arztpraxen noch traditionell aufbewahrt. Welche Aufbewahrungsformen unterscheidet man?

4 In der Teambesprechung wurde vereinbart, dass die Praxis von Dr. Selma Schneider einen „schnellen" Internetanschluss erhalten soll. Für die nächste Besprechung müssen hierzu verschiedene Fragen geklärt werden.

a Benötigt die Praxis überhaupt einen Internetanschluss?

b Was sind Provider?

c Selbst beim gleichen Provider gibt es eine Vielzahl von Tarifen mit unterschiedlichen Eigenschaften. Für einen Vergleich der Angebote müssen bestimmte Begriffe bekannt sein. Erklären Sie die folgenden Begriffe.

Kbit/s	
monatliche Gebühr	
Einstiegsgebühr	
Startguthaben/Cashback	
Datenflatrate	
Laufzeit	
Telefonflatrate	

c Wozu benötigt die Praxis einen Browser? Ist man an den Browser gebunden?

____

____

____

d Welches sind die verpflichtenden Anwendungsmöglichkeiten des Internets für eine Arztpraxis? Nennen Sie auch drei weitere wichtige Anwendungsmöglichkeiten für eine Arztpraxis.

Pflichtanwendungen: ______________________________

____

____

Weitere wichtige Anwendungen: ______________________________

____

e Immer mehr Praxen bieten ihren Patienten zur Wartezeitverkürzung WLAN an. Worauf ist dabei zu achten?

____

____

f Welche Angaben sind nach § 27 der Musterberufsordnung der Ärzte auf einer Praxis-Website zulässig und welche nicht?

Angabe	zulässig	nicht zulässig
anpreisende Werbung		
vergleichende Werbung		
sachliche berufsbezogene Informationen		
Lage der Praxis		
Sprechzeiten		
Kommunikationsnummern		
Praxispersonalvorstellung		
Räume der Praxis mit Video		
Tätigkeitsschwerpunkte		
gelegentlich ausgeübte Tätigkeiten		
organisatorische Hinweise		
Verantwortlicher (Impressum)		

g Die Patienten sind mit der Praxis zufrieden. Ihre Rezessionen können online abgerufen werden. Welchen Vorteil und welchen Nachteil bieten derartige Bewertungsportale?

Vorteil: ____________________

____

Nachteil: ____________________

____

h Frau Schneider hat sich sehr über einen Kommentar eines Patienten geärgert. Kann sie sich deswegen zukünftig weigern, ihn zu behandeln? Begründen Sie Ihre Antwort

____

____

____

____

____

LF 11 Patienten bei der Prävention begleiten

Themenschwerpunkte:
- Mahnverfahren: kaufmännisches und gerichtliches Mahnverfahren
- Verjährung: Verjährungsfristen

Außergerichtliches Mahnverfahren
→ OV S. 193–194

1 Praxismahnverfahren

Die endokrinologische Praxis von Dr. Alexandra Bitschler hat unter ihren Patienten einen hohen Anteil von Privatpatienten, die ihre Liquidationen selbst bezahlen müssen. Leider verzögern sich die Zahlungen bei einigen Patienten regelmäßig.

1 Da es in der letzten Zeit immer häufiger vorkommt, dass Patienten ihre fälligen Liquidationen nicht oder nur sehr spät bezahlen, überlegt man in der Praxis Dr. Alexandra Bitschler wie man die Zahlungen in Zukunft „beschleunigen" könnte. Die MFA Monika hat einen neuen Text für eine erste Erinnerung vorgestellt. Am ersten Tag des Verzugs soll der an die Patienten gesendet werden.

Frühlingsvariante: Eine der schönsten Jahreszeiten ist doch der Frühling!

Die ersten warmen Strahlen der Sonne haben die Krokusse erweckt. Die Knospen sprießen, und fröhlich zwitschern die Vögel beim Nestbau. Vom Eise befreit sind Ströme und Bäche.

Wir würden uns freuen, wenn auch Ihr Konto, dass seit dem … eingefroren ist, endlich wieder auftauen würde.

Mit Frühlingsgrüßen

Ihr Praxis Dr. A. Bitschler

a Diskutieren Sie das Ziel einer Erinnerung und den obigen Text dazu.

b Entwerfen Sie einen Winter-, Sommer- oder Herbsttext für die Praxis.

____

____

____

____

c Auf welchem Weg können Patienten auch noch an einen ausstehenden Liquidationsbetrag erinnert werden?

____

d In der Praxis wird diskutiert, ob man überhaupt noch Erinnerungen oder Mahnungen versenden soll. Nennen Sie einen Vor- und einen Nachteil des Praxismahnverfahrens.

Vorteil: ______________________________

Nachteil: ______________________________

e Welche Konsequenzen hat das Praxismahnverfahren für die Verjährung der Liquidationen?

____

f Können die Kosten des Praxismahnverfahrens im Mahnbescheid berücksichtigt werden?

____

g Auf das bisherige Erinnerungsschreiben der Praxis Dr. Bitschler gab es immer wieder negative Reaktionen. Markieren Sie auf dem Schreiben der Praxis mit Ziffern von 1 bis 10 Dinge, die es zu verbessern gilt.

Endokrinologische Praxis Dr. Alexandra Bitschler

Raschweg 34, 98989 Schnellhausen

Sprechzeiten:	
Mo./Di.	8.00–12.00
	13.00–18.00
Mi.	8.00–12.00
Do./Fr.	8.00–12.00
	13.00–16.00

Fred Friedemann
Bahnstraße 111
98989 Schnellhausen

Hallo,
ich habe heute festgestellt, dass Sie **nicht BEZAHLT** haben! Ich finde es nicht korrekt und wirklich unfair, dass ich mich darum kümmern muss.

Meine Kollegen und ich sind der Meinung, dass sie endlich sofort zahlen sollen, da sie schließlich auch die IGeL-Leistung erhalten haben.
Fahren Sie auch in den Urlaub ohne zu zahlen?
Wir wollen das Geld bis Übermorgen auf unserem Konto sehen.
Schönen Tag auch

Sehr liebe Grüße

Martina Muser, Auszubildende

Kontoverbindung: Sparkasse Schnellhausen
IBAN: DE 52 9003 5236 3366 7798 52

Telefon: 0589-664458
Fax: 0589-665533

____

____

____

____

____

____

____

____

____

____

Gerichtliches Mahnverfahren
→ OV S. 195–198

2 Gerichtliches Mahn- und Klageverfahren

In der Arztpraxis von Dr. Eva Brandes häufen sich in den letzten Monaten die Fälle von Patientinnen und Patienten, die ihre Liquidationen nicht bezahlen und auch nicht auf Erinnerungsschreiben reagieren.

1 Bei einem besonders hartnäckigen Zahlungsverweigerer soll nun von der Anwältin der Praxis eine Pfändung durchgeführt werden. Hier ein Auszug aus dem Schreiben der Rechtsanwältin an den Schuldner.

… aus dem von Ihnen am 22.07.21 an Eides statt versicherten Vermögensverzeichnis entnehme ich, dass Sie eine Lebensversicherung in Höhe von 50 000,00 € abgeschlossen haben. Meine Mandantin hat mich beauftragt, diese Lebensversicherung zu pfänden. Bitte teilen Sie mir die Versicherungsnummer und den Rückkaufswert der Versicherung mit.
Die Forderung meiner Mandantin hat bis heute nachfolgendes Aussehen:

1.	Hauptforderung aus Liquidation vom 01.05.2020	490,00 €
2.	14 % Zinsen vom 05.06.20 bis 31.08.21	290,79 €
3.	Mahnkosten	13,00 €
4.	Kosten des Mahnbescheids	78,92 €
5.	Kosten des Vollstreckungsbescheids (Vb)	35,42 €
6.	Gerichtsvollzieherkosten für den Vb	13,– €
7.	Kosten für den Pfändungs- und Überweisungsbeschluss (PÜ)	42,– €
8.	Gerichtsvollzieherkosten hierfür	30,– €
9.	Kosten für den Vollstreckungsauftrag	32,42 €
10.	Gerichtsvollzieherkosten hierfür	30,– €
11.	Kosten für die Abgabe der eidesstattlichen Versicherung (EV)	49,56 €
12.	Kosten für den PÜ	45,32 €
13.	Gerichtskosten für das Vermögensverzeichnis	10,– €
14.	Gerichtsvollzieherkosten für den PÜ	25,60 €
15.	Kosten für den Antrag zur Abgabe der EV	58,90 €
16.	Kosten für den Haftbefehl	25,– €
17.	Gerichtsvollzieherkosten hierfür	15,– €
18.	Auskunftsgebühren	45,– €
19.	Kosten für erneuten Haftbefehl	25,– €
20.	Gerichtsvollzieher hierfür	44,50 €
21.	Gerichtskosten für neues Vermögensverzeichnis	10,– €
22.	Kosten für drei Vollstreckungsaufträge	32,– €
23.	Gerichtsvollzieherkosten hierfür	45,80 €
24.	Schreibgebühr	8,– €
25.	Kosten für Antrag zur Abgabe der EV	55,89 €
Gesamtbetrag		1551,12 €

Sollten Sie eine Möglichkeit sehen, wie dieser Betrag anderweitig für meine Mandantin … .

a Vergleichen Sie die Hauptforderung mit dem Gesamtbetrag.

b Beschreiben Sie den Weg, wie es wahrscheinlich zu dieser Summe kam.

c Welchen Rat geben Sie dem Schuldner?

d Weshalb wurden öfters Vollstreckungsaufträge berechnet?

e Weshalb wurden öfters Kosten für die Abgabe eines Vermögensverzeichnisses berechnet?

f Wer streckt die angefallenen Kosten bei Gericht vor?

g Welches andere Verfahren wäre auch möglich gewesen?

h Wenn der Gläubiger vor Gericht nun einen vollstreckbaren Titel einklagt, wird der Gerichtsvollzieher bestellt und die Vermögenswerte des Gläubigers im günstigsten Fall gepfändet. Diesmal hat die Praxis jedoch Pech, da der säumige Patient keine Vermögenswerte hat. Die Praxis verlangt die Abgabe der eidesstattlichen Versicherung. Was ist eine eidesstattliche Versicherung, wann ist sie notwendig und welchen Zweck erfüllt sie?

2 Der selbstständige Schreinermeister Otto Meier aus Freiburg war Patient in der Praxis von Dr. Eva Brandes und ließ sich umfangreich versorgen. Die Privatliquidation über 1400,00 € erhielt er am 04. 04. 2020 zugesandt. Am 30. 05. 2020 hat ihn die Praxis angemahnt. Nach einem Telefonat gab er an, momentan nicht zahlungsfähig zu sein. Man gewährte ihm Zahlungsaufschub bis zum 30. 08. 2020. Nachdem auch dann keine Zahlung eingegangen war, wurde die Sache der Rechtsanwältin der Praxis, Frau Dr. Höller, übertragen. Frau Dr. Höller mahnte den Schuldner noch zweimal und beantragte schließlich einen gerichtlichen Mahnbescheid gegen Herrn Meier. Darauf reagierte Herr Meier ebenfalls nicht. Heute erreichte ein Brief der Rechtsanwältin Dr. Höller die Praxis mit der Bitte um Kenntnisnahme eines Schriftstücks, das die Kanzlei versandt hat. Im Begleitschreiben weist Frau Dr. Höller darauf hin, dass sie einen ziemlich sicheren Weg gefunden habe, bald den Liquidationsbetrag für die Praxis einzutreiben, siehe hierzu auch den § 845 der ZPO.

Kunze OHG
Herrn Xaver Kunze
Im Weideweg 122
79312 Emmendingen

Aufgrund des Vollstreckungsbescheids des Amtsgerichts Freiburg vom 06. 11. 2020 – Geschäftszeichen 657883/20 – steht der Arztpraxis Dr. Eva Brandes gegen Otto Meier, Freiburg, aus Behandlung eine Forderung von 1400,00 € samt 12 % Zinsen hieraus seit 04. 04. 2020 zu. Wegen dieser Forderung sowie wegen der Kosten im Betrag von etwa 200,00 € steht die gerichtliche Pfändung derjenigen Ansprüche bevor, die Herrn Meier aus Werksvertrag (Ausführung von Schreinerarbeiten in Ihrem Unternehmen, Rechnungsbetrag 7930,00 €) gegen Sie zustehen.
Ich benachrichtige Sie hiervon gemäß § 845 ZPO und fordere Sie auf, nicht mehr an Herrn Meier zu zahlen. Diese Benachrichtigung hat nach der genannten Vorschrift die Wirkung eines Arrests.

Mit freundliche n Grüßen

Dr. Höller
Rechtsanwältin

BGB § 845 ZPO Vorpfändung

1 Schon vor der Pfändung kann der Gläubiger auf Grund eines vollstreckbaren Schuldtitels durch den Gerichtsvollzieher dem Drittschuldner und dem Schuldner die Benachrichtigung, dass die Pfändung bevorstehe, zustellen lassen mit der Aufforderung an den Drittschuldner, nicht an den Schuldner zu zahlen, und mit der Aufforderung an den Schuldner, sich jeder Verfügung über die Forderung, insbesondere ihrer Einziehung, zu enthalten. Der Gerichtsvollzieher hat die Benachrichtigung mit den Aufforderungen selbst anzufertigen, wenn er von dem Gläubiger hierzu ausdrücklich beauftragt worden ist. Der vorherigen Erteilung einer vollstreckbaren Ausfertigung und der Zustellung des Schuldtitels bedarf es nicht.

2 Die Benachrichtigung an den Drittschuldner hat die Wirkung eines Arrestes (§ 930), sofern die Pfändung der Forderung innerhalb eines Monats bewirkt wird. Die Frist beginnt mit dem Tage, an dem die Benachrichtigung zugestellt ist.

a Wann wäre die Forderung (theoretisch) verjährt?

____

b Haben die Mahnungen der Arztpraxis und der Rechtsanwaltskanzlei Einfluss auf die Verjährung?

____

____

c Wie kommt es zum Vollstreckungsbescheid?

____

____

d Können 12 % Verzugszinsen geltend gemacht werden?

e Welchen Weg hat Frau Dr. Höller gefunden, den Liquidationsbetrag einzuziehen?

f Muss die Kunze OHG an die Arztpraxis zahlen?

g Wann wäre die Forderung (theoretisch) verjährt, wenn die Rechtsanwaltskanzlei nichts mehr nach dem Vollstreckungsbescheid unternimmt?

3 Der Privatpatient Herr Hutner hat seine am 14. 10. 2024 fällige Zahlung über 1456,99 € an die Praxis von Dr. Eva Brandes bis zum heutigen Tag noch nicht bezahlt. Bitte kreuzen Sie die richtige Aussage an.

a Dr. Brandes bittet ihre MFA Simone Adler, das außergerichtliche Mahnverfahren einzuleiten (zwei richtige Antworten).

Die Zahlungserinnerung muss laut Gesetz immer schriftlich nach der DIN 5008 sein.	
Das außergerichtliche Mahnverfahren wird auch kaufmännisches Mahnverfahren genannt.	
Bereits bei der Zahlungserinnerung wird das gerichtliche Mahnverfahren angedroht.	
Das außergerichtliche Mahnverfahren beginnt in der Regel mit der Zahlungserinnerung.	
Zum außergerichtlichen Mahnverfahren zählt nur die Zahlungserinnerung.	

b Wie viel Prozent Verzugszinsen dürfen dem Patienten in der zweiten Mahnung in Rechnung gestellt werden?

mindestens 9 % unter dem Basiszinssatz	
mindestens 5,5 % unter dem Basiszinssatz	
mindestens 5 % über dem Basiszinssatz	
mindestens 9 % über dem Basiszinssatz	
Die Praxis darf keine Verzugszinsen in Rechnung stellen, da es sich bei dem Schuldner um eine natürliche Person handelt.	

c Auch nach der dritten Aufforderung reagiert Herr Hutner nicht. Die Praxis leitet das gerichtliche Mahnverfahren ein. Welches Gericht ist zuständig?

Verwaltungsgericht	
Amtsgericht	
Bundesverwaltungsgericht	
Landesgericht	
Bundesgerichtshof	

d Was versteht man in diesem Zusammenhang unter einer eidesstattlichen Versicherung (Vermögensauskunft)?

Vermögensverzeichnis an Eides statt.	
Bereitschaft die Schulden zu zahlen.	
Bereitschaft weitere Schulden zu machen.	
Garantie Dritter die Schulden zu bezahlen.	
Bürgschaft Dritter, für die Schulden aufzukommen.	

e Welche Gegenstände oder Forderungen sind pfändbar?

Der Kleinwagen für die Fahrt zur Arbeit.	
Die Kettensäge eines Garten- und Landschaftsbauers.	
Die neue Spielekonsole der sechsjährigen Tochter.	
Ein Teil des Arbeitseinkommens, dass über dem Existenzminimum liegt.	
Der vier Monate alte Staubsauger.	

f Der Schuldner hat auf den Mahnbescheid nicht reagiert. Vervollständigen Sie die Lücke: Gläubiger beantragt ______________eines Vollstreckungsbescheids.

Erlass	
Aufforderung	
Durchführung	
Zusammenführung	
Auftrag	

3 Verjährung

Verjährung
→ OV S. 199–202

Die MFA Lisa Kellner hat heute die Aufgabe, die Rechnungseingänge zu kontrollieren. Dabei muss sie besonders auf die Anzahl der Mahnungen und deren Rechnungsdaten achten.

1 Lisa fällt sofort eine Rechnung an Herrn Schlömer über eine IGeL in Höhe von 3450,00 Euro ins Auge. Diese war am 18. 10. 2022 fällig.

a Begründen Sie mit Berechnung, wann die Forderung verjährt ist.

____

____

b Die Praxis hat Herrn Schlömer am 20. 11. 22 erstmals gemahnt und am 5. 12. 22 ein zweites Mal. Erläutern Sie die Wirkung dieser Maßnahmen auf die Verjährungsfrist.

____

c Am 20. 01. 23 erhält die Praxis ein Schreiben von Herrn Schlömer, in dem er darum bittet, den Forderungsbetrag um 3 Monate zu stunden. Welche Wirkung hat dieses Schreiben auf den Verjährungsverlauf und wann ist nunmehr die Forderung verjährt?

____

____

____

d Da die Praxis den langjährigen Patienten nicht verlieren will, gewährt sie am selben Tag die Stundung. Bestimmen Sie das Ende der Verjährungsfrist.

____

____

2 Vervollständigen Sie den nachfolgenden Text für die Praxis als Merkregeln hinsichtlich der Dauer unterschiedlicher Verjährungsfristen mit der entsprechenden Rechtsgrundlage.

Das Bürgerliche Gesetzbuch (BGB) finden Sie unter: www.gesetze-im-internet.de/bgb

Die regelmäßige Verjährungsfrist beträgt ____ Jahre (§ ______BGB).

Daneben gibt es kürzere oder längere gesetzliche Verjährungsfristen:

____ Monate beträgt die Verjährungsfrist für Ersatzansprüche des Vermieters nach Rückgabe der Mietsache (§ _______ BGB).

____ Jahre beträgt die Verjährungszeit für Mängelansprüche im Kaufrecht (§ _______ BGB).

____ Jahre beträgt die Verjährungsfrist für Mängelansprüche bei gekauften Bauwerken (§ ________ BGB).

_____ Jahre beträgt die Verjährungsfrist für Herausgabeansprüche aus dem Eigentum (§ _______ BGB).

3 Geben Sie die jeweiligen Verjährungsfristen für Ansprüche aus nachfolgenden Sachverhalten an.

a Geldforderungen aus mangelfreien Warenlieferungen: ____ Jahre

b Sachmängel bei Warenlieferungen: ____ Jahre

c Arglistig verschwiegene Sachmängel: ____ Jahre, nach Entdeckung des Mangels.

d Mängel bei Bauleistungen: ____ Jahre

4 Ein Patient erhält am 30.11.2022 eine Liquidation über 3500,00 €. Er wird am 15.12.2022 und am 15.01.2023 von der Praxis zur Zahlung aufgefordert. Am 15.02.2023 hat er immer noch nicht bezahlt und die Praxis beantragt einen gerichtlichen Mahnbescheid, der am 20.02.2023 dem Patienten zugestellt wird. Am 01.03.2023 bestreitet der Patient die Rechtmäßigkeit der Liquidation und bei der Ärztekammer läuft ein Gutachterverfahren bis zum 01.04.2023. Hier wird die Rechtmäßigkeit der Liquidation bestätigt. Der Patient leistet daraufhin eine Teilzahlung der Hälfte der Rechnung am 15.04.2023. Wann wäre die Liquidation (theoretisch) verjährt?

5 Eine Patientin erscheint in Lisas Praxis und verlangt den bezahlten Rechnungsbetrag zurück, weil die Liquidation doch längst verjährt war. Die Rechnung stammt vom 20. 06. 2019.

6 In der Teamsitzung fragt Lisa nach dem Sinn von Verjährung und ihren Fristen.

a Kreuzen Sie die korrekte Antwort an und begründen Sie:

Behauptung	richtig	falsch	Begründung
Verjährung bedeutet, dass eine Liquidation nie mehr bezahlt werden muss.			
Ist eine Liquidation verjährt, kann man die Bezahlung nicht mehr verlangen.			
Der Ablauf einer Verjährungsfrist kann von der Praxis aufgehalten werden.			
Verjährung bedeutet lediglich, dass man einen Schuldner nicht mehr zwingen kann, eine Forderung zu begleichen.			
Der Beginn der Verjährungsfristen jeweils am Ende des Jahres dient der Rechtssicherheit.			
Es wäre viel einfacher, wenn die Verjährungsfristen direkt mit dem Ausstellen einer Liquidation beginnen würden.			

b Lisa hat die Idee, dass man den Schuldnern in Zukunft vielleicht eine Teilzahlung in der 1. Mahnung anbieten solle. Was soll damit bewirkt werden?

c Was wäre, wenn ein Patient bei der Ärztekammer eine Prüfung einer Liquidation beantragt und diese Prüfung ein halbes Jahr dauert.

LF 12 Berufliche Perspektiven entwickeln

Themenschwerpunkte:

- Soziale Marktwirtschaft: Märkte, Eingriffe in den Markt, Stabilitätsgesetz, Konjunktur, Bruttoinlandsprodukt
- Soziale und private Absicherung: Sozialversicherungen, Privatversicherungen
- Einzelarbeitsvertrag: Anbahnung, Arbeitsvertag, Beendigung des Arbeitsverhältnisses, Arbeitsgerichtsbarkeit
- Steuern und Entgeltabrechnung: Staatseinnahmen, Lohn- und Einkommenssteuer, Entgeltabrechnung
- Sparen und Kredit: Sparformen, Kredit
- Bewerbung: Bewerbungsunterlagen, Vorstellungsgespräch
- Fort- und Weiterbildung
- Selbstmanagement

1 Markt und Marktformen

Der Markt
→ OV S. 208–211
Soziale Marktwirtschaft
→ OV S. 212–213

Auch in der Arztpraxis Dr. Werner Gentner kommt es insbesondere in Wahlzeiten immer wieder zu Diskussionen über das bessere Wirtschaftssystem für die Bundesrepublik Deutschland. Dabei geht es auch um grundlegende Dinge des Zusammenlebens.

1 Es gibt in der Bundesrepublik viele Märkte.

a Was sind die Merkmale eines jeden Marktes?

____

____

b Der MFA Andreas meint, damit Märkte funktionieren, darf die Preisbildung nicht behindert werden. Wo wird die Preisbildung behindert und aus welchen Gründen?

____

____

____

c In der Diskussion tauchen immer wieder die folgenden Begriffe auf. Erklären Sie die Begriffe und geben Sie ein Beispiel.

Angebotsmonopol: ______________________________

____

Nachfragemonopol: ______________________________

____

Angebotsoligopol: ______________________________

____

2 Der Arzt Dr. Gentner mischt sich in die Diskussion ein und gibt Beispiele für Situationen aus dem Leben. Die Angestellten sollen versuchen in den folgenden Fällen, das Produkt zu erkennen, um welches es geht und anhand der Anzahl der Anbieter und Nachfrager (viele/wenige/einer) zu entscheiden, um welche Marktform es sich handelt.

Fall	Anzahl Anbieter	Anzahl Nachfrager	Marktform
Die Deutsche Bahn will Schienen kaufen.			
Sie kaufen sich eine Tafel Schokolade.			
Eine Firma will sich eine zweite Telefonleitung installieren lassen.			
Ihr Chef schafft sich ein Mobiltelefon an.			
Die Schule verschickt an Schüler „blaue Briefe"			
Sie möchten sich einen neuen PKW kaufen.			
Sie tanken mit dem neuen PKW.			
Ihr Chef kauft am Kiosk eine Tageszeitung.			
Der Supermarkt bestellt beim Waschmittelfabrikanten nur, wenn ihm 25 % Rabatt gewährt werden.			
Ihr Vater bezahlt im Lokal mit einer Kreditkarte.			
An der Haustüre verkauft ein Bauer im Direktmarketing Kartoffel.			
Heute kauft Ihre Mutter im Supermarkt Nudeln.			
Nach Ihrer Lehre möchten Sie studieren.			
Vor Ihrer Ausbildung haben Sie die Grundschule besucht.			
Ihre Mitschülerin muss am Blinddarm operiert werden.			
Ihr Lehrer verlangt für das Fach Behandlungsassistenz ein bestimmtes Buch.			
Ihr Freund muss mit heftigen Zahnschmerzen zum Zahnarzt.			
Heute Abend laden Sie Ihre/n Freund/in zum Essen ein.			
Ihrem Neffen wollen Sie ein kleines Spielzeug kaufen.			
Für einen Auslandsaufenthalt benötigen Sie einen neuen digitalen Reisepass.			
Ihr Vater möchte seinen Hausrat versichern.			

Ihr Arbeitgeber meldet Sie zu Beginn der Ausbildung bei der Sozialversicherung an.			
Im Fernsehen/Streaming wollen Sie sich einen unterhaltsamen Film anschauen.			
Sie wollen sich ein Bankkonto einrichten.			
In der Schule wird empfohlen, sich einen Laptop anzuschaffen.			
Die Bundeswehr kauft neue Waffen			

3 Beim Lesen der Zeitung ist MFA Irene auf einen Artikel gestoßen, den sie vorliest.

Viele zweifeln an der sozialen Marktwirtschaft

Berlin (APF). Ein großer Teil der Deutschen ist einer Umfrage zufolge mit der derzeitigen Wirtschaftsordnung unzufrieden. In einer Umfrage äußerten sich 50 Prozent der Befragten nicht zufrieden mit dem Funktionieren der sozialen Marktwirtschaft. Drei Viertel vertraten die Auffassung, die soziale Marktwirtschaft „macht die Reichen reicher und die Armen ärmer". 73 Prozent waren der Meinung, die soziale Marktwirtschaft „funktioniere nicht mehr so wie früher". 51 Prozent sprachen sich für eine grundlegende Änderung der Wirtschaftsordnung aus. Attraktive Alternativen sahen die meisten aber nicht. 65 Prozent fanden, die soziale Marktwirtschaft sei „für Deutschland immer noch am besten".

a Wodurch unterscheiden sich Marktwirtschaft und soziale Marktwirtschaft?

____

____

____

b Irene meint, dass es viele Beispiele gibt, die zeigen, dass der Staat bei uns in die Wirtschaft eingreift. Zeigen Sie an zwei Beispielen, warum der Staat in den Markt eingreift.

____

____

____

____

____

____

c Irenes Kollege Bernd meint, dass das auch richtig ist, dass der Staat hier eingreifen muss. Was würde denn passieren, wenn der Staat (bei den beiden gewählten Beispielen in b) nicht eingreift?

____

____

____

d Warum äußern sich die Deutschen in dem Zeitungsartikel so unzufrieden mit der sozialen Marktwirtschaft?

____

____

4 Häufig werden auch die Eingriffe des Staates in die soziale Marktwirtschaft kritisiert. Erklären Sie in den folgenden Beispielen, warum der Staat hier mit Vorschriften eingegriffen hat.

Eingriff	Erklärung
Arbeitslosenversicherung	
Subventionen für die Landwirtschaft	
Verbot von Preisabsprachen	
Pflegeversicherung	
Reichensteuer	
garantierter Kindergartenplatz	
Krankenversicherung	
Kindergeld/Elterngeld	
Handwerksmeisterprüfung	
Approbationsordnung für Ärzte	

2 Wirtschaftspolitische Ziele und Bruttoinlandsprodukt

Umsetzung der Sozialen Marktwirtschaft
→ OV S. 213–222

Die MFA-Auszubildende Michaela berichtet aus der Berufsschule, dass man sowohl im Fach Wirtschaft als auch in Religion über die Ziele in einer Gesellschaft gesprochen habe. Gerade in der Wirtschaft hat sich der Staat zu wirtschaftlichen Zielen verpflichtet, die natürlich auch ethische Grundlagen haben.

1 In der Bundesrepublik verpflichtet sich der Staat aufgrund des Stabilitätsgesetzes bestimmte Ziel zu erreichen.

a Wie heißen die Ziele des Stabilitätsgesetzes?

____

____

b Weshalb werden Sie als „magische Ziele" bezeichnet?

____

____

c In der Diskussion in der Berufsschule wurde behauptet, dass noch weitere Ziele hinzukommen sollten. Nennen Sie zwei.

____

____

d Zeigen Sie an einem Beispiel, wie die Verfolgung eines Ziels zur Verletzung eines anderen Zieles führen kann.

____

____

____

2 Die Wirtschaft entwickelt sich nicht gleichmäßig, sondern in Wellenbewegungen, die ca. vier bis acht Jahre dauern können, wenn keine besonderen Krisen (z. B. Corona-Pandemie, Banken-Crash) auftreten.

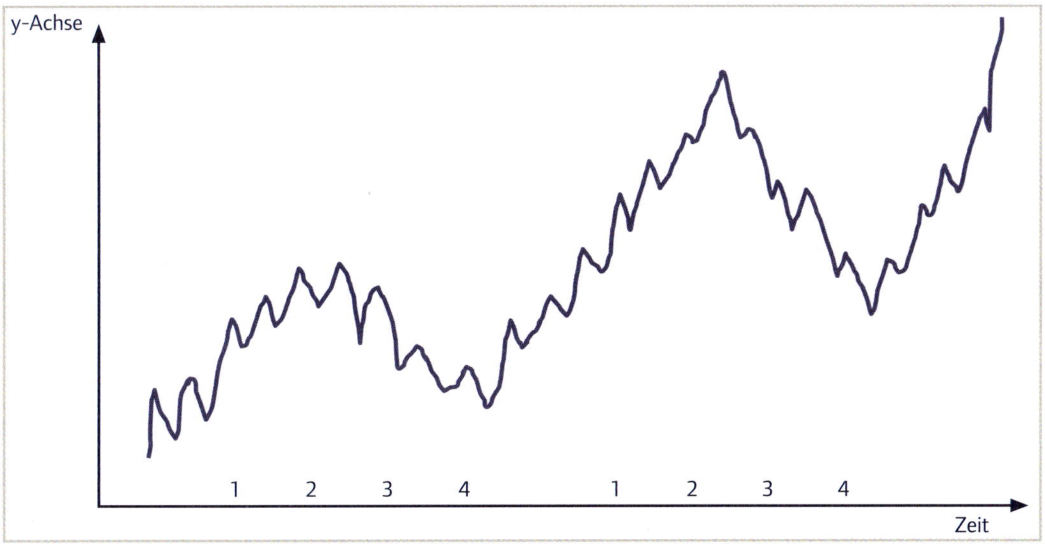

a Was wird durch die gezeigte Linie gemessen?

____

b Zeichnen Sie den Konjunkturverlauf durch eine Kurve in die obige Skizze ein, damit sich eine Wellenbewegung ergibt.

c Benennen Sie die Konjunkturphasen anhand der Ziffern.

1 2

3 4

d Wie kann der Staat eingreifen, um die Konjunktur anzukurbeln? Nennen Sie zwei Beispiele.

____

____

3 Um die Wirtschaftsleistung eines Staates zu zeigen, wird das Bruttoinlandsprodukt (BIP) berechnet.

a Was versteht man unter dem BIP?

____

____

b Unterscheiden Sie zwischen realem BIP und nominalem BIP.

____

____

____

c Welche Berechnung bietet sich an, um das BIP verschiedener Staaten miteinander zu vergleichen?

____

____

d Weshalb kann das BIP nicht als alleinige „Messlatte des Wohlstandes“ eines Staates gelten?

____

____

____

____

____

3 Sozial- und Individualversicherungen

Soziale und private Absicherung
→ OV S. 224–234

In der Praxis herrscht große Aufregung. Die MFA Nadja Di Fabio hat in einer Zeitschrift mehrere Artikel über die Zukunft der Sozialsysteme gelesen. „So kann das doch nicht gehen" sagt sie zum Chef Dr. Werner Gentner. Er weist sie darauf hin, dass die Texte nur Fiktion sind.

1 Diskutieren Sie anhand der fiktiven Artikel unser Sozialversicherungssystem.

„ALESI 2040" vorgestellt

Brüssel, 17. 07. 2039

In allen 25 europäischen Hauptstädten der EU wurde heute die neue „ALESI 2040" (Alterslebenssicherung 2040) vorgestellt. Die nationalen Rentenversicherungen wurden damit aufgelöst bzw. in das System eingebaut. Hier die wichtigsten Neuerungen für das Bundesland Deutschland: Die ALESI beträgt ab 01. 01. 2040 einheitlich 3500,00 € in allen Mitgliedsländern. Eine Anpassung findet jährlich zum 01.07. entsprechend der Euro-Lohnsteigerung statt. Die Auszahlung erfolgt entweder über die Zusendung einer Wertscheckkarte, mit der direkt bezahlt bzw. auf einem Konto eingezahlt werden kann, oder über Onlineverfügung über ein Konto direkt beim Träger „Euro-Insurance-Company" (EIC) in Straßburg. Die Wartezeit für die normale ALESI mit 70 Jahren beträgt 40 Jahre. Pro Jahr früherer Inanspruchnahme muss ein Abschlag von 3 % hingenommen werden. Die frühestmögliche Inanspruchnahme der ALESI kann mit 65 Jahren erfolgen. Es bleibt bei der Versicherungspflichtgrenze von zurzeit 10000,00 €. Dies ist auch gleichzeitig die Beitragsbemessungsgrenze. Für Arbeitgeber gilt, dass sie eine ähnliche Versicherung nachweisen müssen.

So beträgt der „Normalsatz" für eine Familie mit Kind(ern) 8 % vom Bruttofamilieneinkommen. Bezahlt wird dies vollständig vom Arbeitgeber. Bei einem Ehepaar ohne Kinder beträgt der Beitragssatz 30 %, wovon der Arbeitgeber ein Drittel übernehmen muss. Das Kapital, das durch diesen höheren Beitragssatz angespart wird, kann ein Ehepaar bei Geburt eines Kindes ausgezahlt bekommen. Gleichzeitig ermäßigt sich dann der Beitrag. Für ledige Auszubildende gilt zunächst der „Normalsatz". Er steigt nach der Ausbildung kontinuierlich an. Ab dem 25. Lebensjahr beträgt der ALESI-Satz für Ledige 35 %. Zurzeit gelten in einigen Bundesländern der EU noch Übergangsvorschriften.

Das europäische Parlament hat aber beschlossen, dass mit Wirkung vom 01. 01. 2040 dieses Recht in allen Bundesländern der EU gilt.

Krankenversicherung Europas neu geordnet

Brüssel, 30. 07. 2039

Kurz nach Einführung der „Alesi 2040" wurde der gesamte Bereich der Krankenversicherung in Europa durch die „Sozialcharta" neu geregelt.

Sie gilt sowohl für Arbeitnehmer wie für Arbeitgeber. Danach besteht für alle Arbeitnehmer und Arbeitgeber völlige Freiheit, ob sie sich gegen Krankheit und Pflege im Alter versichern wollen. Die bisherigen Pflichtversicherungsbeiträge in manchen Bundesländern der Vereinigten Staaten von Europa werden aufgehoben. Bestehende staatliche Versicherungen werden privatisiert und stehen im Wettbewerb mit den bisherigen Privatversicherungen. Der Wettbewerb zwischen den europäischen Versicherern hat bisher schon erhebliche Beitragsvorteile gebracht. Alle Krankheits- und Pflegerisiken können zu jedem Prozentsatz versichert werden. Der durchschnittliche Beitragssatz für die Grundversorgung Krankheit – Pflege liegt derzeit bei 3 % des Bruttoeinkommens. Die Grundversorgung für nicht versicherte Personen wird vom Staat kostenlos in besonderen „Sozialambulanzen" übernommen. Außerdem werden die privaten Versicherungsgesellschaften nach ihren Größenanteilen zu den Kosten der Grundversorgung herangezogen. Dementsprechend haben die Versicherten die freie Wahl unter den Apotheken, Ärzten und Zahnärzten, Krankenhäusern und Pflegeheimen. Eine Niederlassungsbeschränkung für Apotheken, Ärzte und Zahnärzte besteht nicht mehr. Ebenso besteht Gebührenfreiheit, d. h., der Arzt oder Zahnarzt muss vor Beginn der Behandlung mit dem Versicherten die Gebühren besprechen. Ausgenommen sind Notfälle und die Grundversorgung. Ärzte, Zahnärzte, Apotheken und Krankenhäuser stehen miteinander im Wettbewerb. Manche Versicherungen beschränken die Wahlfreiheit ihrer Versicherten auf bestimmte ärztliche Leistungen und Krankenhäuser, bieten dafür aber äußerst günstige Tarife an. Für nicht in Anspruch genommene Leistungen bieten alle Versicherungen „Gutschriften" an.

Unfall- und Arbeitslosenversicherung, jetzt Arbeitsversicherung IDT (insurance de travail)

Straßburg, 01.08.2039

Die ehemaligen Arbeitslosen und Unfallversicherungen in den Mitgliedsstaaten der EU werden aufgehoben und in eine neue IDT zusammengefasst. Diese hat ihren Sitz in Paris. Sie versichert alle Arbeitsunfälle und auch die Arbeitslosigkeit. Die Beiträge werden allein von den Arbeitgebern aufgebracht und richten sich nach den prozentualen Arbeitslosen in einer Branche sowie den Arbeitsunfällen in einer Branche. Es werden ca. 75 % des bisherigen Arbeitseinkommens bei Arbeitslosigkeit und bei einem Arbeitsunfall bis 6 Monate übernommen. Danach erfolgt eine Kürzung auf 50 % bis zu einem Jahr. Arbeitgeber sind Pflichtmitglieder.
Die ehemaligen staatlichen Arbeitsagenturen werden aufgelöst. Ihre Aufgaben werden durch private Arbeitsvermittler in den Mitgliedsstaaten übernommen. Hierüber erfolgen auch die Auszahlungen der Leistungen.

a Von welchen Sozialversicherungen ist in den Artikeln die Rede?

b Zeigen Sie Unterschiede zu aktuellen Bestimmungen dieser Sozialversicherungen auf.

	Heute	2040
Träger		
Beiträge		
Beitragsbemessungsgrenze (Jahresarbeitsentgeltgrenze)		
Versicherungspflichtgrenze		

	Heute	2040
Leistungen		
Versicherte		

c Wie sollten diese Sozialversicherungen Ihrer Meinung nach geregelt sein?

d Halten Sie die aufgezeigte Entwicklung für realistisch? Begründen Sie Ihre Antwort.

2 Sie erfahren, dass ihr Lehrer als Beamter privat krankenversichert ist und seine Kinder separat versichern muss.

a Überlegen Sie, welche Vorteile sich für die gesetzliche Krankenversicherung ergeben, wenn die Kinder nicht mehr familienversichert sind.

---

b Welche Vorteile hätte es für kinderlose Pflichtversicherte, wenn es die Familienversicherung nicht gäbe?

Kann das sein?

Grillparty im Garten

Gastgeber Rolf P. (31) will das Holzkohlenfeuer mit Brennspiritus auf Touren bringen. Dabei kommet es zu einer Verpuffung. Gaby N. (25) erleidet schwere Verbrennungen und liegt monatelang im Krankenhaus. Ihre Arm- und Gesichtsnarben sind so tief, dass sie durch Hauttransplantationen nicht beseitigt werden können. Gerichtsurteil: Rolf P. handelte fahrlässig und hat Krankenhauskosten, Verdienstausfall und ein hohes Schmerzensgeld zu zahlen. Wenigstens der finanzielle Ausgleich für das Opfer war durch die ...versicherung des Gastgebers gesichert.

Autoschlange im Berufsverkehr

Fußgänger Peter K. (46) übersieht beim Überqueren der Fahrbahn den Mofafahrer Walter G. (23) und prallt mit voller Wucht gegen ihn. Walter G. stürzt, schlägt mit dem Kopf auf die Bordsteinkante und stirbt noch an der Unfallstelle. Weil Peter K. die Schuld trägt, muss er der Witwe des Opfers eine lebenslange Rente zahlen. Hätte Peter K. diese Belastung nicht seiner ...versicherung übertragen können – wie sähe dann seiner Zukunft aus?

Hohe Millionenbeträge keine Seltenheit

Einem schwerverletzten Kind wurden z. B. kürzlich folgende Ansprüche zugesprochen: 500 000,– € als Schmerzensgeld, ein jährlich zu zahlendes Betreuungsgeld von 36 000,– €, ein jährlich zu zahlendes Ausbildungsgeld von 19 200,– € und eine jährlich zu zahlende Rente von 34 000,– € – jeweils zuzüglich Geldentwertungszuschlag. Bereits nach 6 Jahren werden mehr als eine Million Euro an Schadenersatzforderungen zu leisten sein.

Die Folgen einer einzigen Gedankenlosigkeit oder eines kurzzeitigen Fehlverhaltens können den Haftpflichtigen um sein ganzes Hab und Gut bringen.

Deshalb schützen Sie sich als Fußgänger, Radfahrer, Sportler, Urlauber sich und die ganze Familie durch eine ...versicherung.

Achten Sie auf die Deckungssumme (mindestens 10 Millionen Euro). Das ist die Höchstsummer, die eine Versicherung bezahlt. Daneben kommt es noch auf das Alter an (z. B. Junge-Leute-Tarife), ob man den Schlüsselverlust (Beruf/Privat), die Ausfalldeckung (der Schuldige kann nicht belangt werden, die eigene Versicherung bezahlt), Beruf, Freizeit und Ehrenamt, Auslandsaufenthalt, Internetnutzung, Tiere, Drohnennutzung mitversichert haben möchte. Bein einem Paar ohne Kinder (30 Jahre alt) liegt der Versicherungsbeitrag dann zwischen 40 und 80 € jährlich.

Achten Sie auf die Mindestlaufzeit. Oft nur Online abschließbar. Vorschäden müssen oft angegeben werden.

3 In der gleichen Zeitschrift stößt Nadja auch auf die nebenstehende Werbeanzeige einer Versicherung.

a Für welche Art von Versicherung wird geworben?

---

b Sind die Beispiele realistisch?

---

c Wonach richten sich die Prämien?

---

d Benötigen Sie eine solche Versicherung?

---

e Warum werden diese Risiken nicht durch eine Sozialversicherung gedeckt?

---

4 Arbeitsrecht

Einzelarbeitsvertrag
→ OV S. 235–238

Die beiden Arztpraxen für Allgemeinmedizin, Dr. Gabriele Weber und Dr. Stefan Meidinger wollen sich zu einer Berufsausübungsgemeinschaft in einem neuen Ärztehaus zusammenschließen. Herr Dr. Meidinger hat acht MFA und zwei Auszubildende, Frau Dr. Weber beschäftigt vier MFA und eine Auszubildende.

1 Herr Dr. Meidinger möchte sich vor dem Zusammenschluss von einer MFA trennen. Hierbei fällt die Sozialauswahl auf Sonja Muster, die erst seit 8 Monaten in der Praxis arbeitet, unverheiratet und kinderlos ist.

a Ausgehend vom heutigen Tag: Zu welchem Datum kann Dr. Meidinger Sonja Muster kündigen?

b Sonja Muster akzeptiert die Kündigung und verlangt ein Arbeitszeugnis. Welche beiden Arbeitszeugnisse unterscheidet man?

2 Dr. Meidinger schreibt Sonja Muster das folgende Zeugnis:

Frau Sonja Muster, geb. 23. Januar 1991, war in meiner ärztlichen Praxis in den letzten acht Monaten als Medizinische Fachangestellte beschäftigt. Das ihr übertragene Aufgabengebiet umfasste insbesondere den Empfang und die Patientenverwaltung. Frau Muster half auch im Labor mit und war in der Regel erfolgreich. Sie war pünktlich und hat sich stets bemüht, die ihr übertragenen Arbeiten zu meiner Zufriedenheit zu bewältigen. Die notwendigen Kenntnisse und das erforderliche Geschick waren dabei erkennbar und die Qualität ihrer Arbeit entsprach den Erwartungen. Die Zusammenarbeit mit Kolleginnen war ohne Tadel und den Patienten gegenüber war sie stets um Freundlichkeit bemüht.

a Prüfen Sie, ob das Arbeitszeugnis von Dr. Meidinger den Anforderungen an ein qualifiziertes Zeugnis entspricht.

b Bewerten Sie das obige Arbeitszeugnis mit Schulnoten und begründen Sie.

c Die Praxis erwägt, dass für einen Einzelarbeitsvertrag auch ein entsprechender Tarifvertrag (der z. B. in einem anderen Bundesland gilt) gelten soll. Wie kann sie das erreichen?

d Nach dem Zusammenschluss der beiden Praxen gilt für Kündigungen ein anderes Gesetz. Nennen Sie die wesentlichen Bestimmungen.

Aus den Gerichtsakten
Auch die sonstigen Umstände eines Vorfalls werden bei Gerichtsurteilen berücksichtigt (z. B. der betriebs- und branchenübliche Umgangston, der Bildungsgrad, der psychische Zustand des Arbeitnehmers, der Ort sowie der Zeitpunkt des „Ereignisses“, die Anwesenheit von Dritten und die vermutete Ernsthaftigkeit der Äußerung). So kam das Arbeitsgericht in Bochum zu dem Ergebnis, dass nicht jedes Wort, das aus momentaner Verärgerung gesprochen werde, auf die Goldwaage gelegt werden dürfe. Das Gericht erklärte deshalb die Kündigung eines Mannes für ungültig, der im Verlaufe einer Auseinandersetzung mit seinem Chef geäußert hatte, die Kündigung käme ihm ganz recht, er beziehe sowieso lieber „Stempelgeld“. Das hatte der Chef wörtlich genommen und gekündigt. Das Gericht hielt die Kündigung für unangemessen (AZ: 1 Ca 519/80). Beleidigungen gegenüber Mitarbeitern können eine Kündigung rechtfertigen, falls hierdurch der Betriebsfrieden empfindlich gestört wird – beispielsweise, wenn der Vorwurf persönlicher Unehrenhaftigkeit erhoben wird (Bundesarbeitsgericht – 3 AZR 184/76). Die Verwendung des Götz-Zitats unter Kollegen wiegt in der Regel aber nicht besonders schwer, vorausgesetzt, Betriebsfremde haben nicht „mitgehört“.

3 Beurteilen Sie anhand der nebenstehenden Gerichtsentscheidungen, ob in den folgenden Fällen grobe Beleidigungen zur Rechtfertigung einer Kündigung aus wichtigem Grund vorliegen.

a Die Umbauarbeiten in den neuen Praxisräumen der BAG sind im vollen Gange. Bei einer Besichtigung der Baustelle hört Dr. Meidinger, wie ein Bauarbeiter aus einem der oberen Fenster zu seinem Chef ruft: „Du Rindvieh hast mir schon wieder das falsche Holz hochgeschickt!“

____

____

____

b Der Medizinische Fachangestellte Paul Huber sagt zu Dr. Stefan Meidinger während der Behandlung: „Da hast du Simpel aber der Patientin weh getan!“

____

____

____

____

____

____

4 Nehmen Sie zu folgenden Fällen unter Einbeziehung des Kündigungsschutzgesetzes Stellung:

a Ein Arzt fragt eine Medizinische Fachangestellte beim Einstellungsgespräch nach einer bestehenden Schwangerschaft. Sie antwortet wahrheitswidrig mit Nein. Nach erfolgter Einstellung stellt sich die Schwangerschaft heraus. Der Arzt möchte ihr daraufhin kündigen. Sie pocht auf das Kündigungsverbot des Mutterschutzgesetzes.

____

____

____

b Eine Medizinische Fachangestellte verlässt mit folgenden Worten zum Arbeitgeber den Arbeitsplatz: „Machen Sie Ihren Scheißdreck doch allein!“ Nachdem sie am nächsten Tag wieder erscheint, verweigert der Arbeitgeber ihr den Zutritt zur Praxis mit der Begründung, dass er die Kündigung angenommen habe.

____

____

____

____

5 Testen Sie Ihr Wissen aus dem Arbeitsrecht. Kreuzen Sie an und begründen Sie.

Fall	Stimmt	Stimmt nicht	Unklar	Begründung
Wenn sich eine MFA weigert, sich gegen Masern impfen zu lassen, ist das ein Kündigungsgrund.				
Eine Kündigung in der Probezeit ist immer möglich.				
Bei einem Vorstellungsgespräch darf vom Arbeitgeber alles gefragt werden.				
Bei der Beendigung eines Arbeitsverhältnisses steht dem Arbeitnehmer eine Abfindung zu.				
Ein mündlicher Arbeitsvertrag ist immer unwirksam.				
Eine Kündigung kann auch per E-Mail oder Fax erfolgen.				
Während einer Krankschreibung darf einem Arbeitnehmer nicht gekündigt werden.				
Der Arzt darf die MFA am Arbeitsplatz überwachen.				
Für die Probezeit steht der MFA auch Urlaub zu.				
Für jede Krankmeldung muss am ersten Tag der Krankheit eine AU vorgelegt werden.				
Bei schweren Stürmen, Schnee- und Glatteis auf den Straßen, muss man nicht in der Praxis erscheinen.				
Bei einer Innentemperatur von über 35 °C in der Praxis, können MFA hitzefrei verlangen.				

Während der Arbeitszeit darf nicht privat im Internet gesurft werden.				
Mit meinen Kolleginnen darf ich nicht über mein Gehalt sprechen.				
Eine MFA darf jederzeit eine Nebentätigkeit ausüben, ohne den Arzt davon zu unterrichten.				
Den Urlaub kann man sich auch ausbezahlen lassen.				
Wertlose Sachen aus der Praxis darf man mit nach Hause nehmen.				
Überstunden sind mit dem Gehalt abgegolten.				
Wenn ich als MFA während meiner Krankschreibung arbeite, bin ich nicht versichert.				

6 Neben den im Arbeitsvertrag festgelegten Bestimmungen existieren für die Partner weitergehende Rechte und Pflichten, die im Folgenden verletzt sind. Gegen welche weitergehenden Rechte und Pflichten wird verstoßen?

a Arbeitnehmer arbeitet privat nach der Arbeit bis zur Erschöpfung.

___

b Arbeitgeber beschäftigt den Angestellten mit privaten Angelegenheiten.

___

c Aufgrund von Arbeitsmangel soll der Arbeitnehmer nicht zur Arbeit erscheinen. Die Nichtarbeit wird vom Lohn abgezogen.

___

d Arbeitnehmer verursacht bereits das zweite Mal grob Fahrlässig einen Geräteschaden.

___

5 Steuern und Entgeltabrechnung

Steuern und Entgeltabrechnung
→ OV S. 240–249

Im Zusammenhang mit der Gehaltsabrechnung gibt es in der Praxis Dr. Werner Gentner öfter mal Diskussionen darüber, wieso immer so viel Geld für Steuern vom Gehalt abgezogen wird.

1 Zur Durchführung seiner zahlreichen Aufgaben benötigt der Staat seine wichtigste Einnahme: Steuern.

a Die wichtigsten Ausgaben des Staates ersehen Sie im Haushaltsbuch. Stellen Sie diesen Aufgaben und Ausgaben eine persönliche Aufgabenliste gegenüber. Wo würden Sie mehr oder weniger Geld ausgeben?

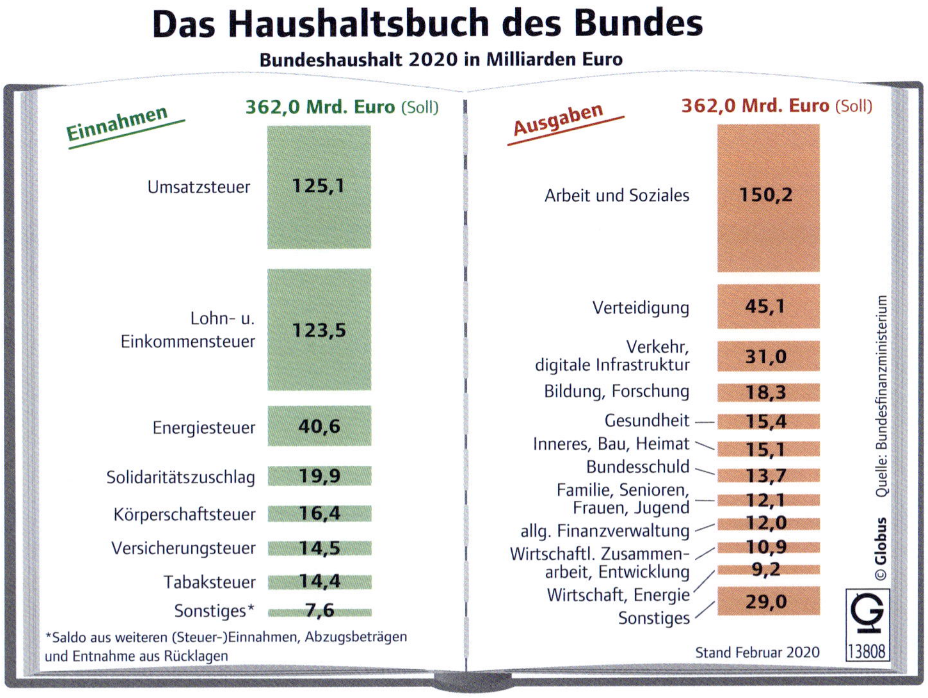

b Welche vier Steuern bringen dem Staat die höchsten Einnahmen?

c Nennen Sie die Unterschiede zwischen direkten und indirekten Steuern.

d Warum erhöht der Staat bevorzugt indirekte Steuern?

____

____

e Was versteht man unter „Bagatellsteuern"?

____

____

2 Eine der wichtigsten Einnahmequellen des Staates ist die Lohn- und Einkommensteuer.

a Nennen Sie sechs Einkunftsarten, die versteuert werden müssen.

1. ____________________ **2.** ____________________

3. ____________________ **4.** ____________________

5. ____________________ **6.** ____________________

b Kreuzen Sie an, welche Einkünfte steuerfrei, begrenzt steuerfrei oder voll zu versteuern sind.

Einkünfte	voll	begrenzt	frei
Lotteriegewinn über 100000,00€			
Zinsen vom Sparbuch über Freibetrag			
Weihnachtsgeld			
Verkaufsprämie			
Zuschlag für Arbeiten am Sonntag im Notdienst			
Zahlung für Fitnesskurs vom Arbeitgeber über 200,00 €			
Reisekostenerstattung für eine Fortbildung durch den Arbeitgeber			
Benzingutschein des Arbeitgebers über 30,00€			
Urlaubsgeld in Höhe von 250,00 €			
Einkünfte aus zusätzlichem 450-€-Job			

3 Für die Steuerberechnung spielen die folgenden Begriffe eine große Rolle: zu versteuerndes Einkommen, Gesamteinkommen, Gesamtnettoeinkommen, Gesamtbruttoeinkommen. Bringen Sie diese Begriffe in die richtige Reihenfolge, indem Sie mit dem höchsten Betrag beginnen.

____

____

4 Für die Ermittlung des zu versteuernden Einkommens dürfen verschiedene Ausgaben als Abzug vom Gesamteinkommen vorgenommen werden. Sortieren Sie die folgenden Ausgaben in die Tabelle ein (in welcher Höhe sie angerechnet werden, ist nicht von Bedeutung):

Fahrten zur Arbeitsstelle, Taschengeld für Kinder, selbstbezahlte Kursgebühr für Fortbildung, Beerdigungskosten, Heiratskosten, Lebensversicherungsbeiträge, Zuzahlung bei Krankheitskosten, Zinsen für Verbraucherkredit, Kauf eines Arbeitscomputers, Beiträge zu Berufsverbänden (z. B. Gewerkschaft oder VMF), Spenden an gemeinnützige Organisationen, Barspende in der Kirche, Kauf eines privaten PKW.

Werbungskosten	Sonderausgaben	Außergewöhnliche Belastungen	Steuerlich nicht absetzbar

5 Die MFA Christina Grund erhält ihre Gehaltsabrechnung und fragt sich, was denn neben den Steuern sonst noch für Beträge abgezogen werden.

a Führen Sie die anhand der folgenden Angaben die Gehaltsabrechnung für Christina Grund durch. Christina Grund ist 30 Jahre alt, ledig und Mitglied der römisch-katholischen Kirche. Sie hat keine Kinder. Ihr Bruttogehalt im aktuellen Monat beträgt 2550,–€.

Lohnsteuer (LSt.): 235,00€, Kirchensteuer (KiSt.): 9%, Krankenversicherung (KV): 16,6% (inkl. Zusatzbeitrag 2%, Gesamtbeitrag AG und AN), Rentenversicherung (RV): 18,6% (Gesamtbeitrag), Pflegeversicherung 3,6%, Zusatzbeitrag AN: 0,6%, Arbeitslosenversicherung (AV): 2,6% (Gesamtbeitrag)
Christina Grund zahlt als vermögenswirksame Leistung (VL) auf einen Bausparvertrag monatlich 50,00€ ein, wofür sie vom Arbeitgeber einen Zuschuss zum Bruttogehalt von 25,00€ erhält. Als freiwillige soziale Leistung erhält Sie 45,00€ steuerfrei für ein Job-Ticket.

Gehaltsabrechnung	Euro-Beträge
Bruttogehalt	
+ VL	
- LSt.	
- KiSt.	
- KV	
- PV	
- Zusatzbeitrag AN	
- RV	
- AV	
Nettogehalt	
- VL	
+ Jobticket	
Ausgezahlter Betrag	

b Wie hoch ist die ungefähre Arbeitgeberbelastung für Christina Grund, wenn folgende Lohnnebenkosten hinzukommen: U1: 50,00 €, U2: 10,00 €, Insolvenzgeldumlage (InsG): 5,00 €.

Arbeitgeberbelastung	Euro-Beträge
Bruttogehalt	
VL	
U1	
U2	
InsG	
KV	
PV	
RV	
AV	
Freiwillige soziale Leistungen	
AG-Belastung	

c Vergleichen Sie den ausgezahlten Betrag mit der Arbeitgeberbelastung. Wie viel Prozent beträgt der ausgezahlte Betrag bezogen auf den Arbeitgeberbetrag?

____

____

____

d Welche Zahlungen fehlen noch zur Ermittlung der „tatsächlichen" Arbeitgeberbelastung?

____

____

____

e Christina Grund heiratet am 29.12. des Jahres Alex Schick, der monatlich ungefähr 1000,00 € mehr verdient als sie. Was gilt in diesem Jahr rückwirkend für die beiden?

____

____

f Welche Steuerklasse haben die beiden und welche würden Sie ihnen empfehlen?

____

____

6 Helfen Sie dem frischgebackenen Ehepaar bei der Einkommensteuerklärung. Sie können dazu auch das kostenlose Internetportal „Elster" des Bundesfinanzministerium verwenden.

Das Internetportal Elster finden Sie unter: www.elster.de/eportal/start

Die MFA Nadine Bauer (wohnhaft bis 31.07.24 in Freiburg, 8 km von ihrem Arbeitsort Praxis Dr. A. Reuter), geboren am 20.09.2004, hat am 20.07.2024 ihre Abschlussprüfung bestanden. Am 29.12.2024 hat sie den Systemplaner Stefan Nadler (wohnhaft 2020 in Waldkirch), geboren am 04.04.1999, geheiratet. Nadine führt jetzt einen Doppelnamen: Bauer-Nadler. Nach ihrer Abschlussprüfung hat Nadine in ihrer Ausbildungspraxis weitergearbeitet. Stefan ist seit sechs Jahren im Planungsbüro Weiß und Schwarz GmbH in Lahr beschäftigt.

Die Lohnsteuerbescheinigung für 2024 bei **Nadine** weist folgende Zahlen aus:
Bruttoarbeitslohn: 23000,00 €
Lohnsteuerklasse I: 1900,00 €
Kirchensteuer (rk): 150,00 €
Sozialversicherungsbeiträge: Rentenversicherung (RV) Arbeitgeber: 2140,00 €, Arbeitnehmer: 2140,00 €
Arbeitnehmeranteile: Krankenversicherung (KV) 1800,00 €, Pflegeversicherung (PV) 350,00 €, Arbeitslosenversicherung (AV) 275,00 €
Die Lohnsteuerbescheinigung für **Stefan** hat folgendes Aussehen:
Bruttoarbeitslohn: 42 000,00 €
Lohnsteuerklasse I: 6600,00 €
Kirchensteuer (rk): 530,00 €
Sozialversicherungsbeiträge: RV-Arbeitgeberbeitrag 3920,00 €, RV-Arbeitnehmerbeitrag 3920,00 €, KV 3310,00 €, PV 745,00 €, AV 505,00 €

Beide waren bisher in der Lohnsteuerklasse I beschäftigt. Ab. 01.01.25 ist Stefan in LStkl. III und Nadine in LStkl V. Für 2024 wählen Sie die Zugewinngemeinschaft.
Die Steuer ID Nr. -NEU – sind
ID. Nr. Stefan: 72 384 069 85
ID. Nr. Nadine: 93 451 860 75
Ihr gemeinsames Bankkonto: DE 12 9801 0101 0011 5207 13

Seit dem 01.08.2024 wohnen Sie gemeinsam in Emmendingen (jetzt 28 km von der Praxis von Nadine). Vorher hatten Sie getrennte Wohnungen. **Stefan** fuhr mit dem eignen PKW zu seiner Arbeitsstelle in Lahr an 212 Tagen, einfacher Weg: 45 km. Stefan hat im Jahr 2024 seine Fortbildung zum Systemplaner erfolgreich beendet. Fortbildungskosten sind in Höhe von 1450,00 € angefallen. Zusätzlich hatte sich Stefan Anfang 2024 ausschließlich für die Fortbildung und berufliche Zwecke einen Laptop für 1200,00 € kaufen müssen. Auf der Fahrt zur Arbeit hatte Stefan im Jahr 2024 einen Autounfall, der ihn mit 700,00 € belastete.

Nadine hatte eine Jahreskarte für den ÖPNV für 800,00 € erworben.

Für den PKW betrug die Haftpflichtversicherung: 340,00 €, für die private Unfallversicherung zahlten Nadine 94,00 € und Stefan 103,00 €. Gewerkschaftsbeitrag von Stefan: 150,00 €, seine Fachzeitschrift kostet jährlich 130,00 €. Nadine hatte sich zur Vorbereitung auf ihre Prüfung Bücher im Wert von 80,00 € gekauft.

Beide hatten jeweils 100,00 € für UNICEF gespendet. Für die Hochzeitsfeierlichkeiten haben sie 2400,00 € ausgegeben.

Führen Sie die Einkommensteuererklärung für 2024 für die beiden durch. Tragen Sie die fehlenden Zahlen ein und ermitteln Sie die Erstattung oder Nachzahlung

1. Ermittlung der Besteuerungsgrundlagen

Einkunftsart	Ehemann	Ehefrau	Insgesamt
Nichtselbständige Arbeit (jeweils aus Anlage N)			
Bruttoarbeitslohn	42000,–	23000,–	
minus Werbungskosten **Ehemann** Anlage N PKW an 212 Tagen × 45 km à 0,30			

1. Ermittlung der Besteuerungsgrundlagen

Einkunftsart	Ehemann	Ehefrau	Insgesamt
Nichtselbständige Arbeit (jeweils aus Anlage N)			
Bruttoarbeitslohn	42000,–	23000,–	
minus Werbungskosten **Ehemann** Anlage N PKW an 212 Tagen × 45 km à 0,30			
Beiträge zu Berufsverbänden	150,–		
Fachliteratur			
Fortbildungskosten Systemplaner	1450,–		
Weitere Werbungskosten Laptop Afa 3 Jahre von 1200,– Unfall PKW Fahrt zur Arbeit			
Werbungskosten Ehemann	5692,–		– 5692,–
minus Werbungskosten **Ehefrau** Nadine Anlage N			
Erste Arbeitsstelle: 130 Tage * 8 km a 0,30 Zweite Arbeitsstelle: 80 Tage * 28 km a 0,30			
Summe : Tatsächliche Kosten für Benutzung ÖPNV: 800,– **(der höhere Betrag darf angesetzt werden!)**		984,–	
Aufwendungen für Arbeitsmittel Pauschal (wird nicht geprüft)		180,–	
Bücher (Belege)			
Werbungskosten Ehefrau		1244,–	-1244,–
Einkünfte:	36308,–		58064,–

	Ehemann	Ehefrau	Insgesamt
= Gesamtbetrag der Einkünfte			

Sonderausgaben (Anlage Sonderausgaben)

Unbeschränkt abzugsfähige (beide Eheleute)

Kirchensteuer laut Lohnsteuerkarte Spenden	680,– 200,–	
Summe: **Sonderausgaben (Anlage Vorsorgeaufwand)** **Beschränkt abzugsfähige (beide Eheleute)** Summe der Altersvorsorgeaufwendungen	12120,–	
davon 90 % abzüglich Arbeitgeberanteile:	– 6060,–	

Summe der abziehbaren Vorsorgeaufwendungen	10849,–

Nebenrechnung
tatsächlich geleistete Vorsorgeaufwendungen:
beide Eheleute

RV:	6060,
KV:	4906,–
PV:	1095.–
Summe:	12061,–
sonstige Vorsorgeaufwendungen	
Krankentagegeld in der KV	204,–
Arbeitnehmerbeiträge AV (beide)	780,–
Unfall- und Haftpflichtversicherung	
Ehemann	443,–
Ehefrau	94,–
Summe:	1521,–
geleistete Vorsorgeaufwendungen =	**13582,–**
Anrechenbar nach **Höchstbetragsrechnung**	– **10849,–**

	Insgesamt
Gesamtbetrag der Einkünfte	58064,–
Abzüglich Sonderausgaben	
zu versteuerndes Einkommen	

2. Ermittlung der Einkommensteuer nach Splittingtabelle

Geleistete Zahlungen:
Einkommensteuer= 5400,– €
Kirchensteuer = 380,– €

3. Abrechnung

	Einkommensteuer	Kirchensteuer	Summe
Festsetzung	5400,–	380,–	5780,–
Abzug vom Lohn			
Erstattung			

Das Ehepaar hat 3 Stunden an der Erklärung gearbeitet. Berechnen Sie den Stundenlohn.

Sparen und Kredit
→ OV S. 250–256

6 Sparen und Kredit

Michael Schneider ist im 3. Ausbildungsjahr und erhält ein höheres Ausbildungsgehalt. Er möchte von nun an die Differenz zu seinem letzten Gehalt sparen, da seine Oma ihm immer sagte: „Spare in der Zeit, dann hast du in der Not".

1 Michael Schneider hat heute einen Termin mit dem Bankberater seiner Hausbank und erkundigt sich nach Möglichkeiten der Geldanlage.

a Nennen Sie drei Sparmotive.

b Warum könnte es sich lohnen, bereits in der Ausbildung mit geringen Beträgen mit dem Sparen zu beginnen?

c Nennen Sie für die folgenden Sparformen einen Vor- und einen Nachteil.

Sparform	Vorteil	Nachteil
Geld in der Spardose		
Rentenfonds		
Bausparen		
Sparbuch		
Aktiensparen		
alte Gemälde		

d Michaels Finanzberater bietet ihm eine zu 100 % sichere Geldanlage mit einem hohen Zins und jederzeitiger Verfügbarkeit. Wie sollte Michael reagieren?

2 Michael Schneider möchte nach Abschluss seiner Ausbildung endlich in eine eigene Wohnung ziehen. Er hat ausgerechnet, dass er für die notwendige Einrichtung etwa 10000,00 € benötigt. Da er noch nicht so viel Geld angespart hat, plant er, einen entsprechenden Verbraucherkredit aufzunehmen. Erklären Sie die folgenden Punkte, auf die er dabei achten sollte.

Punkte des Vertrags	Erklärung
Effektivzinsangabe	
Laufzeit	
Sicherheiten	
Rücktrittsrecht	
Gesamtrückzahlungsbetrag	

3 Welche zwei Arten von Krediten werden unterschieden? Beschreiben Sie die einzelnen Arten kurz unter Hinzunahme eines Beispiels.

____

____

____

4 Die gängigsten Formen des Konsumkredites sind der Dispokredit und der Ratenkredit. Erklären Sie die beiden Formen.

____

____

____

____

5 Welche Vor- und Nachteile hat der Dispokredit?

Vorteile: ______________________________

____

Nachteile: ______________________________

____

Bewerbung
→ OV S. 258–263
Fort- und Weiterbildung
→ OV S. 265–267

7 Bewerbung, Fort- und Weiterbildung

Frank Wormut ist 21 Jahre alt und hat vor einem Jahr die Ausbildung zum MFA beendet. Er ist noch in seiner Ausbildungspraxis tätig.

1 Frank möchte sich beruflich verändern und findet die diese Anzeige in seiner Tageszeitung.

Gemeinschaftspraxis Dr. Annika Wintermantel und Dr. Mario Berg

Die ärztliche Gemeinschaftspraxis Wintermantel/Berg ist eine moderne Praxis für Allgemeinmedizin mit einem breiten Behandlungsspektrum mitten in der Innenstadt. Unsere Behandlungen basieren auf den neuesten medizinischen Techniken. Zur Verstärkung unseres hochqualifizierten Teams suchen wir zum 01.09.20.. eine

Medizinische Fachangestellte (M/W/D)

Zu Ihren Aufgaben gehören:
- Assistenz
- Rezeption/Terminvergabe
- Hygienemanagement
- Abrechnung

Wir bieten eine sichere Vollzeitstelle (Teilzeit wäre auch möglich), eine leistungsstarke Vergütung über Tarif, Weiterbildungs- und Fortbildungsmöglichkeiten.

Wir freuen uns auf Ihre Bewerbung, die Sie uns per E-Mail oder auf dem Postweg zukommen lassen können.

Gemeinschaftspraxis Wintermantel-Berg, Hauptstraße 812, 14963 Berlin

a Nennen Sie drei für eine Bewerbung erforderliche Unterlagen und geben Sie an, welche Erkenntnisse sich die Ärzte Wintermantel und Berg davon erhoffen.

b Frank Wormut wird aufgrund seiner sehr guten Bewerbung zu einem Vorstellungsgespräch eingeladen. Da er in seiner Ausbildungspraxis kaum mit ärztlichen Abrechnungsfragen konfrontiert war, hat er für das Gespräch gewisse Sorgen. Eine Kollegin rät ihm, Fragen zur Abrechnung einfach zu übergehen. Was halten Sie vom Ratschlag der Kollegin?

c Nennen Sie zwei Fragen, die Frank beim Bewerbungsgespräch nicht beantworten muss?

d Nennen Sie vier Punkte, wie man sich auf ein Bewerbungsgespräch vorbereitet.

e Das Bewerbungsgespräch von Frank Wormut mit den Praxisinhabern war erfolgreich. Man will ihn im nächsten Schritt noch dem Team vorstellen. Ist der Arbeitsvertrag damit schon abgeschlossen?

f Nach der Vorstellung im Team einigen sich die Praxisinhaber mit Frank Wormut über alle Punkte des Arbeitsvertrags. Der Vertrag soll zum Arbeitsbeginn schriftlich vorliegen und dann unterschrieben werden. Ist der Vertrag damit zustande gekommen?

2 Die neue Kollegin von Frank Wormut, Sandra Meier, ist seit 7 Jahren in der Gemeinschaftspraxis Wintermantel und Berg beschäftigt. Sie überlegt sich weiterzubilden.

a Nennen Sie drei Gründe für eine berufliche Fort- oder Weiterbildung.

b Zeigen Sie drei konkrete Möglichkeiten der Fort- und Weiterbildung für Sandra Meier auf.

c Eine Mitarbeiterin in der Praxis hat eine Allergie gegen alle Arten von Einmalhandschuhe und Desinfektionsmittel entwickelt. Welchen Ratschlag kann man ihr geben? Gibt es finanzielle Hilfen?

d Die Abbildung zeigt verschiedene Möglichkeiten, wie Arbeitgeber für Mitarbeiter attraktiver werden können. Welche Motivation(en) gibt es für MFA in Arztpraxen?

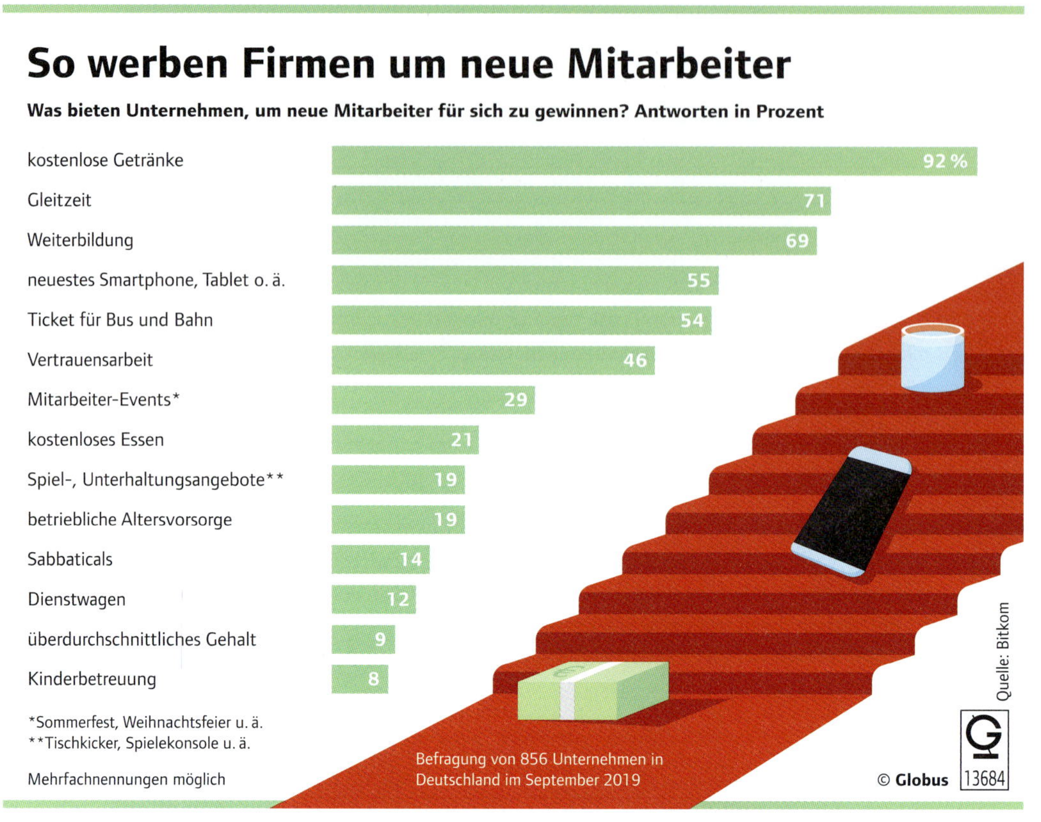

3 Frank hat seine ersten Tage in der Gemeinschaftspraxis Dres. Wintermantel und Berg hinter sich gebracht. An den Abenden ist er immer sehr erschöpft, da die Anforderungen höher sind als in seiner Ausbildungspraxis.

a Wie kann er seinen Arbeitsalltag besser in den Griff bekommen?

b Beschreiben Sie eine Planungsmethode, die Frank hilft, seine Arbeitsweise effizienter zu gestalten.

c Dr. Berg bittet Frank, das Behandlungszimmer herzurichten. Welche Kategorie entspricht diese Aufgabe. Begründen Sie ihre Antwort.

Stichwortverzeichnis

Bildquellenverzeichnis

Coverbild: Cornelsen/Werner Krüper.

Bildquellen:
S. 9: Cornelsen/Jörg Mair;
S. 21: dpa Picture-Alliance/Copyright © 2000–2006 Adobe Systems, Inc. All Rights Reserved./dpa-infografik GmbH;
S. 44: Cornelsen/Natascha Welz;
S. 61: dpa Picture-Alliance/dieKLEINERT.de/Martin Guhl;
S. 65: stock.adobe.com/nik0.0kin;
S. 69: Rebecca Traurig;
S. 107: dpa Picture-Alliance/Copyright © 2000-2006 Adobe Systems, Inc. All Rights Reserved./dpa-infografik GmbH;
S. 118: dpa Picture-Alliance/Copyright © 2000-2006 Adobe Systems, Inc. All Rights Reserved.